LE PARANORMAL EN QUESTION(S)

Direction éditoriale : Stéphane Chabenat
Éditrice : Coralie Delvigne
Conception graphique et mise en pages : Florence Cailly
Conception couverture : 2Li

Les Éditions de l'**Opportun**
16, rue Dupetit-Thouars
75003 Paris
www.editionsopportun.com

David GALLEY

LE PARANORMAL EN QUESTION(S)

Du même auteur, aux éditions de l'Opportun :

Petite encyclopédie ridicule de la pub rétro (2015)

La France mystérieuse (2017, édition en format poche 2019)

Mystérieuses archives : enquêtes au cœur de l'inexpliqué (2018)

La France des lieux maudits (2019)

« Puisque ces mystères me dépassent,
feignons d'en être l'organisateur. »

Jean Cocteau

Sommaire

INTRODUCTION

« Celui qui ne peut plus éprouver ni étonnement ni surprise, est pour ainsi dire mort : ses yeux sont éteints. »

Albert Einstein

Tous les jours, nous nous posons des centaines de questions. Des questions de toutes sortes – futiles, utiles, existentielles – qui impliquent donc une réflexion et souvent une recherche. Nous avons besoin d'informations solides, de réponses claires pour nous permettre ensuite de faire des choix, de prendre des décisions, d'orienter nos pensées, de comprendre le monde qui nous entoure.

Les questions sans réponses, c'est ce qui nourrit l'univers du paranormal. L'information dans ce domaine est pourtant riche mais malheureusement souvent falsifiée, invérifiable, manipulée ou transformée au fil du temps.

Voilà maintenant plus de vingt ans que j'enquête sur les phénomènes dits « inexpliqués ». Et ce, dans le cadre de reportages, de documentaires ou d'un travail d'écriture. Ce domaine me fascine tout autant qu'il me questionne tous les jours.

J'ai pu, à de nombreuses reprises, constater combien certaines discussions sur le « paranormal » pouvaient donner lieu à des débats aussi enflammés que stériles. Combien les arguments présentés n'étaient basés que sur des croyances, des « on-dit » ou des légendes urbaines.

Dans ce livre, je vous propose un tour d'horizon des phénomènes les plus évoqués dans l'univers de « l'inexpliqué ». L'occasion d'une approche historique et rationaliste de nombreux phénomènes très divers comme les poltergeists, les ovnis, le pouvoir des médiums, les rêves prémonitoires, la vie après la mort ou la synchronicité.

Découvertes, surprises et étonnement : voilà ce qui vous attend dans ce livre qui sera pour vous, je l'espère, l'occasion d'un voyage inoubliable au cœur des plus grands mystères de notre monde.

David GALLEY

C'est quoi un ectoplasme ?

Ectoplasme ! Si le mot est célèbre dans les pays francophones pour faire partie de la longue liste des jurons du capitaine Haddock[1]*, il est aussi très connu dans l'univers « paranormaliste » dont il est issu.*

La plupart des dictionnaires définissent l'ectoplasme comme une « substance mystérieuse qui se dégagerait du corps de certains médiums pendant la transe et qui, à quelque distance, se matérialiserait pour former des membres, des visages, des organismes complets (fantômes), humains ou animaux, ou encore des objets divers[2]. »

Des sommités scientifiques intriguées

Le mot « ectoplasme » fut inventé à la fin du XIXe siècle par un Français, prix Nobel de médecine, le professeur Charles Richet. Ce dernier, passionné par la parapsychologie, participa à de nombreuses expériences menées avec de célèbres médiums

1. Personnage récurrent de la bande dessiné *Les Aventures de Tintin* de Hergé.
2. Définition du dictionnaire Larousse – Édition 2018.

de son époque, dans le but de comprendre le fonctionnement de certains phénomènes. Parmi ces derniers : l'apparition inexpliquée – provoquée par un ou une médium – d'une matière étrange, souvent vaporeuse et lumineuse, qu'il dénommera des « ectoplasmes ».

De l'autre côté de la Manche aussi, ce phénomène intriguait.

Le cas Dunglas Home

Sir William Crookes, un prestigieux chimiste anglais, s'impliqua, tout comme quelques grands scientifiques ou médecins français, dans l'étude des phénomènes paranormaux et notamment sur la production mystérieuse des fameux ectoplasmes.

Crookes organisa des séances à Londres avec le médium écossais Daniel Dunglas Home. Au milieu du XVIIIe siècle, ce dernier était connu aux États-Unis et dans toute l'Europe pour ses pouvoirs extraordinaires. Nombreuses sont les personnes à travers le monde à pouvoir témoigner de ses dons de médium, mais aussi de son pouvoir de lévitation ou de sa capacité à provoquer dans une maison des bruits secs et puissants sans que personne ne s'y trouve.

William Crookes et une dizaine de scientifiques réaliseront de multiples expériences avec la collaboration de Daniel Dunglas Home dans son laboratoire privé, mais aussi dans les locaux de la toute récente Society for Psychical Research de Londres, au début des années 1880.

Ce que l'éminent physicien rapporte dans ses mémoires est tout simplement sidérant :

« *J'ai vu un nuage lumineux flotter au-dessus d'un tableau. Toujours sous les conditions du contrôle le plus rigoureux, il m'est arrivé plus d'une fois qu'un corps solide, phosphorescent, cristallin, a été mis dans ma main par une main qui n'appartenait à aucune des personnes présentes. En pleine lumière, j'ai vu un nuage lumineux passer sur un héliotrope*[3] *placé sur une table à côté de nous. [...] J'ai vu un nuage se condenser sous nos yeux en prenant la forme d'une main et transporter de petits objets.*

Une petite main, d'une forme très belle, s'éleva d'une table de salle à manger et me donna une fleur. Elle apparut, puis disparut à trois reprises, en me donnant toute facilité pour me convaincre que cette apparition était aussi réelle que ma propre main. Cela se passa à la lumière, dans sa propre chambre, les mains et les pieds du médium étant tenus par moi pendant ce temps.

Dans une autre circonstance, une petite main et un petit bras, semblables à ceux d'un enfant, apparurent en jouant sur une dame qui était assise près de moi. [...]

Les mains et les doigts ne m'ont pas toujours paru être solides et comme vivants. Quelquefois, il faut le dire, ils offraient plutôt l'apparence d'un nuage vaporeux condensé en partie sous forme de main. Tous ceux qui étaient présents ne voyaient pas également bien. Par exemple, on voit se mouvoir une fleur ou quelque autre petit objet, un des assistants verra une vapeur lumineuse

3. Plante à fleur de la famille des boraginacées.

planer au-dessus, un autre découvrira une main d'apparence nébuleuse, tandis que d'autres ne voient que la fleur en mouvement. J'ai vu plus d'une fois d'abord un objet se mouvoir, puis un nuage lumineux qui semblait se former[4]. »

William Crookes était, je le rappelle, un scientifique de haut rang. Il finira d'ailleurs par être nommé président de la Royal Society de Londres en 1913.

Alors est-il possible que cet éminent chimiste ait pu se faire berner par un talentueux magicien ? Ou bien aurait-il véritablement assisté à la création inexplicable de corps ou d'objets ectoplasmiques ?

Paris est magique !

En France aussi, le cas du médium Daniel Dunglas Home intéressera beaucoup la science comme l'aristocratie. Le médium sera d'ailleurs invité à faire plusieurs démonstrations de ses incroyables talents à Paris, notamment dans les salons du palais des Tuileries devant Napoléon III et quelques grands aristocrates. La princesse de Metternich, qui faisait partie des invités en 1863, relatera ces événements dans ses mémoires[5] :

« *Alors nous entendîmes Daniel Dunglas Home dire* :

"Maintenant, ils nous entourent et bientôt ils se feront apercevoir et vous allez vous rendre compte de leur présence."

---

4. Gabriel Delanne, *Le Spiritisme devant la Science*, Chamuel Editeur – 1893 – p.144.
5. Extraits des mémoires de la princesse de Metternich cités dans le journal *Le Figaro* du 2 décembre 1905, pp. 1-2.

Notre attention était extrêmement excitée, et dans ce moment même j'eus la sensation qu'une main de fer me saisissait la cheville et la serrait. D'autres se sentaient serrés à la nuque ou au bras. On ne savait s'expliquer cette sensation étrange, car, malgré l'effort de la main de fer, on n'éprouvait pas la moindre douleur.

J'ajoute qu'on sentait la pression de chaque doigt, en sorte qu'on pouvait annoncer exactement : voici l'index, voici le médium, etc. C'est inexplicable.

Bientôt après, on discerna un mouvement dans les coins du tapis ; on eût dit que des mains s'efforçaient d'en sortir. Alors une main, ou si l'on veut quelque chose de semblable, se tendit vers moi et je m'éloignai instinctivement.

Mais mon mari la saisit sans hésitation et la tint le plus fermement qu'il put pour l'empêcher de lui échapper. D'autres personnes éprouvèrent le même phénomène. Cependant, les mains, solidement tenues, fondaient, pour ainsi dire, entre les doigts jusqu'à ce qu'il n'y eût plus rien. Nous soulevâmes en grande hâte le tapis, et nous ne vîmes rien du tout !

On alluma une bougie. On rechercha, en se donnant toutes les peines du monde, pour découvrir quelque chose. En vain. Home, pendant tout ce temps, n'avait pas bougé, il était resté assis, presque immobile, dans son fauteuil. Il regarda les sceptiques avec pitié ou, plutôt, sans la moindre marque d'intérêt, indifférent comme il s'était montré durant toute la scène. »

Inutile de préciser que cette scène surréaliste où des aristocrates ont tenté de retenir des mains ectoplasmiques ou de les débusquer sous les tapis du palais des Tuileries fit grand bruit dans le Tout-Paris de l'époque.

Retour aux expériences

Ce sont d'ailleurs ces événements et la grande vogue du spiritisme qui motiveront de plus en plus de scientifiques français à s'intéresser au phénomène. Ces derniers, au fil des développements technologiques, utilisèrent peu à peu des instruments de mesure électrique, mais aussi des appareils photographiques pour garder une trace de ce qu'ils observaient lors de leurs expériences.

Il existe de nombreuses photographies d'ectoplasmes prises durant des séances de spiritisme organisées à Paris ou à Londres[6].

Si une grande partie de ces photographies semblent grossièrement et maladroitement truquées, certaines sentent tout de même le doute et il faut avouer que l'on reste perplexe face aux performances de certains médiums.

On peut en effet apercevoir sur certains clichés la médium Eva Carrière, de son vrai nom Marthe Béraud, tendre ses mains. Entre ces dernières apparaît une ligne fortement lumineuse, comme si la médium tenait le filament d'une ampoule incandescente. Sur d'autres photographies du début du XXe siècle, on aperçoit très

6. Notamment dans les archives de l'Institut métapsychique international de Paris.

Ectoplasme produit par la médium Eva Carrière en 1912

clairement des sphères, des cônes ou des silhouettes vaporeuses et lumineuses. Même si le trucage photographique était déjà très courant à cette époque, il faut aussi relever que les scientifiques qui analysaient ces phénomènes étaient particulièrement prudents afin d'éviter toutes sortes de fraudes, de supercheries ou de trucages.

Les moulages de l'au-delà

Parmi les diverses techniques qui permettaient de garder une trace des ectoplasmes, l'une des plus originales reste la prise d'empreinte. En effet, durant l'hiver 1920, au sein de l'Institut métapsychique international (IMI) de Paris, le professeur Charles Richet – entouré de médecins et de magiciens professionnels – va mettre en place un protocole très strict pour mener des expériences originales. Son idée : inviter des médiums capables de produire ces phénomènes et, en utilisant un bain de cire, parvenir à créer des moulages des fameux ectoplasmes. Le plus surprenant, c'est que l'expérience a fonctionné à plusieurs reprises, et qu'aujourd'hui encore, on peut admirer les moulages d'ectoplasmes réalisés à Paris dans les années 1920[7].

Des moulages en plâtre uniques au monde que j'ai eu la chance de tenir en main et de pouvoir étudier. Je dois d'ailleurs admettre que la vision de ces moulages est assez troublante.

7. Ces moulages sont conservés à l'Institut métapsychique international, situé au 51, rue de l'Aqueduc à Paris.

Moulage d'une main « ectoplasmique »
conservé à l'IMI de Paris

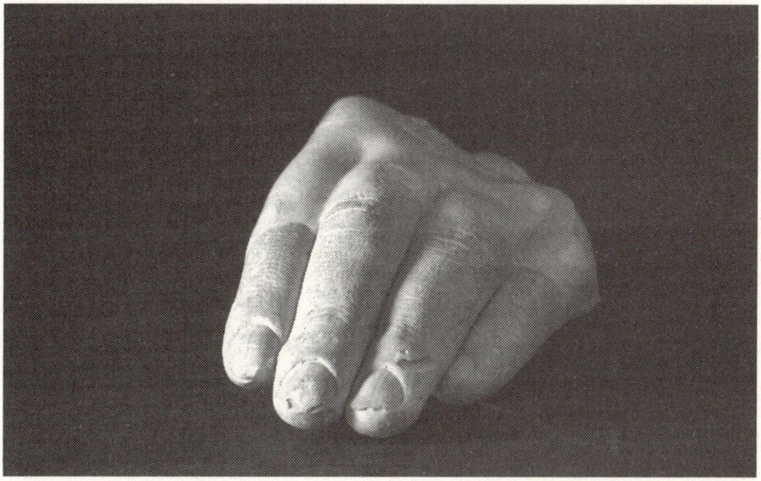

La plupart ont la forme parfaite d'une main ou d'un pied. Des membres cependant de petite taille, qu'on pourrait attribuer à un enfant de 7 ou 8 ans, mais avec toutes les caractéristiques physiques d'une main adulte. Inutile de préciser que les empreintes digitales des mains en question furent comparées, à l'époque, avec celles de tous les participants des expériences. Aucune ne correspondait…

Le mystère reste donc entier. Peut-être découvrira-t-on un jour la supercherie, mais à l'heure où j'écris ces lignes, personne n'est parvenu à créer des moulages de ce type dans les mêmes conditions que les expériences menées en 1920 à Paris.

Qu'est-ce que la bibliomancie ?

Le livre que vous tenez en ce moment dans vos mains va se transformer dans quelques instants en un objet divinatoire.

En effet, la bibliomancie, aussi appelée stichomancie, est l'art de prédire l'avenir avec un livre. La technique est relativement simple : il faut en premier lieu se concentrer en gardant le livre bien en main tout en pensant à une question précise.

Au bout de quelques secondes, ouvrez le livre et posez votre index au hasard sur la page qui se présente à vous. Le mot ou le nom qui aura été ciblé par votre doigt vous livrera normalement une réponse plus ou moins évidente.

Si la bibliomancie peut se pratiquer avec n'importe quel ouvrage, il est toutefois conseillé de vous munir d'un livre dit « sacré » pour de meilleurs résultats. Certaines voyantes vous inviteront également à utiliser un livre qui vous a particulièrement plu ou marqué.

Si vous voulez faire un test, je vous laisse vous concentrer et trouver une question. Bien entendu, je ne vous garantis aucun résultat, mais l'expérience pourrait tout de même vous surprendre... Comme le disait le poète et écrivain allemand Novalis : « Jouer, c'est expérimenter le hasard. »

Qui était Alexis Didier ?

L'Histoire est ponctuée de personnages extraordinaires au sens littéral du terme. Alexis Didier fait partie de ceux-là.

Cet homme né à Paris en 1826, issu d'un milieu artistique et ouvrier, devint au milieu du XIXe siècle une véritable célébrité en France et en Europe, où on le surnommait « Le somnambule Alexis ».

À cette époque, le terme « somnambule » ou « somnambulisme magnétique » était surtout utilisé pour décrire des phénomènes liés à l'hypnose.

Alexis Didier – une fois hypnotisé – semblait posséder des facultés psychiques qui sidéraient toujours l'assistance. Celui-ci lisait en effet dans l'esprit des personnes présentes autour de lui, mais aussi des lettres fermées. Il pouvait décrire des scènes qui se produisaient à distance, remportait toutes les parties de cartes en devinant le jeu de ses adversaires[8]...

8. *Le Message théosophique et social*, édition du 7 novembre 1920, p.267.

Une star dès l'adolescence

Dès l'âge de 17 ans, la presse parisienne le gratifiait de nombreux articles faisant état de son don extraordinaire :

« *Pas plus tard qu'hier, Alexis Didier, en présence de soixante personnes situées à Paris, a fait la description d'une foule de châteaux situés à plus de deux cents lieues et dont les propriétaires étaient présents. Il n'a rien oublié, ni les meubles, ni les tableaux, ni les facultés mobilières et immobilières. En traversant chaque commune il a dit le nom du garde-champêtre, l'âge du curé, l'habit du maire, et l'accent du maître d'école. À quoi servira la poste aux lettres désormais ? Alexis Didier vous aurait appris également ce que font en ce moment la reine Pomaré et l'amiral Dupetit-Thouars ; mais ce fait n'intéresse nullement la science. Voilà qui est terrible, effrayant, surnaturel*[9]. »

De nombreuses personnalités du milieu du XIXe siècle, comme Alexandre Dumas, Victor Hugo ou encore Honoré de Balzac, furent fascinées par les pouvoirs spirites inexplicables d'Alexis Didier. Cependant, bien d'autres étaient beaucoup plus méfiants voire sceptiques sur les dons du jeune homme. Ce fut le cas de Jean-Eudes de Mirville, passionné par les phénomènes « surnaturels » et auteur de nombreux ouvrages sur le spiritisme, qui tenta de savoir si Alexis Didier n'usait pas de techniques d'illusionnistes.

9. *Le Charivari*, édition du 2 avril 1843, p.2.

Face au plus grand magicien du monde !

Pour en avoir le cœur net, il organisa une rencontre entre le médium parisien et le plus célèbre des illusionnistes de l'époque : Robert Houdin. Cette confrontation, en présence de l'épouse de l'illusionniste – qui participera d'ailleurs à certaines expériences – est décrite avec beaucoup de détails dans un livre du marquis de Mirville paru en 1854[10] et dans lequel figure la mention d'un courrier qu'aurait envoyé « Robert Houdin » à son auteur :

« *Quoique je sois bien loin d'accepter les éloges que veut bien me donner M. xxx, et tenant surtout à ce que ma signature ne laisse en rien préjuger mes opinions en faveur du magnétisme ou contre lui, je ne puis cependant m'empêcher de déclarer que les faits rapportés ci-dessus SONT DE LA PLUS COMPLÈTE EXACTITUDE, et que, plus j'y réfléchis, plus il m'est impossible de les ranger parmi ceux qui font l'objet de mon art et de mes travaux.*

Ce 4 mai 1847
Robert Houdin »

Quelques auteurs et historiens modernes notent tout de même que ce courrier aurait pu être « inventé » par l'auteur de l'ouvrage (à savoir le marquis de Mirville). Difficile cependant de le prouver. Sans rentrer dans de longues et ennuyeuses explications, un fait reste certain : lorsque le livre est sorti en 1854, Robert Houdin était alors au sommet de sa célébrité, et il faut bien noter que l'homme avait la solide réputation de fustiger publiquement tous ceux qui

10. Jean-Eudes de Mirville, *Pneumatologie : des esprits et de leurs manifestations fluidiques*, 1854, p.30.

détournaient les techniques d'illusionnisme à des fins malhonnêtes. Pourtant, force est de constater que, dans ce cas précis, Robert Houdin ne démentira jamais avoir rédigé ce courrier.

La science s'interroge…

Durant toute sa vie, Alexis Didier fut convaincu que son don était une preuve de l'existence de la spiritualité de l'âme. Il pensait être investi d'une mission : prouver au monde scientifique qu'il existe bien « autre chose » que notre corps physique sur cette Terre. Dès l'âge de 16 ans, il devient d'ailleurs une source d'intérêt pour les scientifiques et médecins de l'époque, comme l'atteste cet article d'une gazette médicale lyonnaise :

« *[…] C'était en 1842, cinq élèves externes de l'hôpital Saint-Louis – aujourd'hui les docteurs Nyobei, Rosé, Frédault, Gion et Burq – voulurent se donner le luxe de voir de près le somnambule Alexis (Didier), qui commençait à faire parler de lui dans un quartier tout proche de cet hôpital, celui de la rue Grange-aux-Belles. À cet effet, ils se cotisèrent, eux et quelques-uns de leurs amis du dehors, pour faire les frais d'une séance privée. Rendez-vous fut donné dans ma chambre parce qu'elle était plus à proximité du domicile du somnambule. Celui-ci, alors un tout jeune homme frêle, de 16 à 17 ans, s'y rendit seul et de jour, nous en avions fait une condition. Ses yeux une fois bouchés et bandés avec une sorte de férocité, tant nous avions tous peur d'être volés de notre petit écu, chiffre de la cotisation, Alexis fut endormi par M. Gion, le seul d'entre nous qui sût quelque chose du magnétisme. Des expériences qui suivirent je ne dirai rien en*

Portrait d'Alexis Didier par le photographe Nadar

ce moment, si ce n'est que le plus sceptique de l'assistance ne pût point ne pas en être très vivement ému, et que quant à moi personnellement, je me promis bien de ne négliger aucune occasion propice de m'enquérir de ce qu'il pouvait y avoir de vrai au fond de cette question de magnétisme animal, alors surtout tant conspué par le plus grand nombre[11]. »

Un sorcier incomparable

C'est durant les années 1850 qu'Alexis Didier connut son heure de gloire. Une notoriété extraordinaire qui agaçait bien entendu les plus sceptiques. Ces derniers étaient d'ailleurs souvent tournés en ridicule dans les articles des quotidiens de l'époque, comme en atteste cet extrait daté du 24 février 1850 :

« *Les salons du faubourg St-Germain et de la Chaussée-d'Antin s'offrent la satisfaction de donner carrière aux expériences plus ou moins fantastiques que la science magnétique révèle.*

Au premier rang des mille somnambules dont Paris fourmille, on place le jeune Alexis Didier, artiste dramatique quand il est éveillé, et sorcier incomparable quand il dort. Voici un nouvel échantillon de la merveilleuse lucidité d'Alexis ; ce sont des témoins du fait qui nous l'ont raconté. Alexis Didier était appelé dernièrement à donner une séance de magnétisme dans le salon de Mme de C.

11. Extrait de *Lyon Médical*, gazette médicale et journal de médecine réunis, Tome XXXV, 1880, p.605.

Après plusieurs expériences couronnées d'un plein succès, un des invités, esprit fort et antagoniste acharné de la science occulte, voulant mettre en défaut le don de seconde vue qui émerveillait la noble assistance, tire de sa bourse et présente au somnambule une médaille d'argent de la forme et de la dimension d'une pièce de cinq francs, en le priant de lui dire quel est le millésime de cette pièce.

Alexis Didier répond sans hésiter que l'objet qui lui est soumis n'est point une pièce de cinq francs, et qu'il ne s'y trouve aucun millésime, ce qui était vrai. Puis il palpe la médaille et déclare qu'elle est creuse, et renferme le portrait d'une des dames présentes à l'expérience.

La curiosité se peint sur tous les visages ; le jeune homme qui a remis la médaille à Alexis se trouble, veut la ressaisir, mais Alexis a déjà fait jouer un ressort qui découvre aux yeux des assistants une délicieuse miniature, où chacun reconnaît les traits d'une jeune et charmante femme que ses grâces et sa fervente dévotion ont fait surnommer la Madone de saint Thomas d'Aquin.

Qu'on juge de la surprise et de la confusion de la belle comtesse de B., qui, par cette révélation inattendue, voit s'évanouir en un instant le prestige de haute sagesse et le parfum de vertu dont elle était depuis longtemps entourée. Quant au malencontreux possesseur de la médaille, il est aujourd'hui un des défenseurs les plus ardents de la science magnétique[12]. »

12. *L'Argus*, 24 février 1850, p. 1.

Mentalisme ou décorporation ?

Alexis Didier était-il véritablement doué de dons surnaturels ? Capable de se transporter par « l'esprit » dans n'importe quel endroit du monde ou de lire à travers des enveloppes ? La très grande majorité des témoignages de l'époque le laisserait penser…

Aujourd'hui, si le cas de ce « somnambule magnétique » reste énigmatique, certains pensent qu'Alexis Didier était plutôt une sorte de précurseur dans un domaine que l'on appelle aujourd'hui le mentalisme.

A contrario, d'autres relèvent que le cas Alexis Didier serait plutôt à rapprocher de celui de Nicolas Fraisse, un Français né en 1982 dans la Drôme, qui affirme avoir la faculté de sortir de son corps pour observer des lieux éloignés, de rapporter des événements se déroulant loin de lui ou de deviner le sujet de photographies enfermées dans des enveloppes scellées.

Alexis Didier a tenu durant des années un cabinet rue Saint-Lazare à Paris, dans lequel s'est pressée une partie de l'aristocratie jusqu'en 1870. Il est décédé le 9 octobre 1886 à Paris. La presse de l'époque n'a pratiquement pas évoqué sa disparition. Son corps repose encore aujourd'hui dans la 29e division du cimetière de Montmartre.

Qu'est-ce qu'un Ouija ?

Le Ouija est un « outil » censé permettre de rentrer en communication avec l'esprit des défunts, mais aussi un objet considéré comme un article ésotérique et divinatoire.

L'objet en question est, dans sa version la plus courante, composé de 2 parties. Il se présente comme une planche de bois gravée ou peinte, figurant les 26 lettres de l'alphabet, ainsi que 9 ou 10 chiffres ; on trouve aussi très souvent sur cette tablette les mots « oui » et « non », ainsi que des symboles divers comme la Lune et le Soleil. Cette planche est accompagnée d'une petite planchette de forme triangulaire souvent appelée « goutte ». En posant un doigt sur cette « goutte », au bout de quelques minutes, « l'esprit » est censé diriger la planchette triangulaire en direction des lettres ou des chiffres. De cette manière, on peut composer des phrases, donner des noms ou des dates précises.

La toute première planche « Ouija[13] » a vu le jour en 1891. Elle fut créée par par deux jeunes entrepreneurs américains – Elijah Bond et Charles Kennard – qui, en pleine vogue du « spiritisme » dans le monde occidental, avaient senti un bon filon pour faire des affaires. Malheureusement pour eux, faute de financement, la commercialisation de leur « Ouija » ne vit jamais le jour.

Il faudra attendre plusieurs années – et de nouveaux entrepreneurs – pour que le « produit » soit enfin disponible à la vente aux États-Unis sous la forme… d'un jeu pour enfants !

Ce n'est finalement qu'au tout début des années 1920 que le Ouija connaîtra un succès commercial qui dépassera d'ailleurs très largement les frontières des États-Unis.

La raison de ce succès ? Un engouement exponentiel des adeptes des cercles spirites pour ce « jouet », qui deviendra très vite un élément indispensable et facile d'utilisation pour communiquer avec les défunts.

En France, le Ouija fera son apparition dans les salons parisiens en 1921. Mais dès 1920, les journalistes faisaient déjà mention de cet étrange « Ouija Board », comme on peut le découvrir dans cette archive datée de juin 1920 et intitulée *Les Américains sont déconcertants !* :

« *Un savant du Michigan affirme que le psychisme fait fureur en ce moment, aux États-Unis. Les tables tournantes sont vieux*

13. Il existe deux origines possibles du mot « Ouija ». Pour certains, ce mot serait composé par le mot français « Oui » et le mot allemand « Ja » (Oui). D'après l'un des inventeurs (Charles Kennard) le mot « Ouija » lui aurait été donné par la planche elle-même. Selon lui, « Ouija » signifierait « Bonne fortune » dans la langue antique égyptienne.

Tombe d'Elijah Jefferson Bond,
cocréateur du Ouija

jeu. On vient d'inventer, patenter et lancer le Ouija Board. C'est une planchette triangulaire montée sur un trépied mobile, lequel se promène sur un tableau carré où des lettres sont marquées. On place les doigts sur la planchette, et « l'esprit » la conduit. Il l'arrête sur telles lettres dont l'ensemble forme des mots, puis des phrases. Voilà la communication avec l'au-delà ! Le Ouija est partout et sans cesse consulté pour les moindres événements[14]. »

Aujourd'hui le Ouija est une marque déposée par la société d'édition de jeux de sociétés « Parker Brothers », propriétaire du nom et du concept depuis 1966.

14. *Le Semeur Algérien*, 20 juin 1920, p. 1.

Qu'est-ce que le « *remote viewing* » ?

Serait-il possible d'obtenir des informations au-delà du temps et de l'espace ? Pour être plus concret, pourrions-nous voir et entendre, en ce moment, ce qu'il est en train de se passer dans un endroit distant de plusieurs centaines de kilomètres et ce, sans aucune aide technologique ?

Le *remote viewing*, ou « vision à distance » en français, est la faculté mentale de percevoir des images, des sons ou des odeurs de lieux précis sans être présent sur place. Certaines personnes affirment être capables de cette prouesse et de nombreuses études, privées ou gouvernementales, ont été réalisées un peu partout dans le monde sur le sujet. Les militaires ou les services de renseignements se sont montré très intéressés par le sujet, y voyant des perspectives prometteuses.

Un concept vieux comme le monde

Le concept de « vision à distance » n'est pas vraiment nouveau. Déjà, dans l'Antiquité, certains oracles ou devins prétendaient avoir des visions qui les emmenaient loin du lieu où ils vivaient. Ils affirmaient notamment être capables d'observer les préparatifs des armées ennemies, ou de pouvoir se retrouver, en tant qu'observateur invisible, dans une réunion secrète où se préparait un complot.

L'histoire militaire antique est d'ailleurs truffée d'anecdotes de ce genre.

Si les Grecs et les Romains faisaient régulièrement appel à la « magie » ou aux dieux pour prendre des décisions, il en fut de même pour nombre de grands dirigeants de ce monde, et ce jusqu'à nos jours.

Une première approche scientifique française

À partir des années 1920-1930, le vocabulaire évolua. On ne parlait plus de devins ou d'oracles mais plutôt de personnes douées de facultés psychiques extraordinaires. Ces facultés commencèrent à interpeller quelques rares scientifiques, dont un ingénieur chimiste français du nom de René Warcollier[15]. Ce dernier se mit à « tester » quelques individus – souvent des médiums ou des voyants – qui prétendaient pouvoir communiquer par télépathie. D'après l'ingénieur, les résultats furent

15. *La Télépathie, recherches expérimentales*, F. Alcan, 192, augmentée de certains de ses articles parus dans la *Revue Métapsychique*.

suffisamment concluants pour avancer l'idée qu'un individu serait capable de recevoir des informations, notamment des images, venues de lieux inconnus et très éloignés de lui. Cependant, d'après les expériences menées, ces informations étaient parcellaires, peu précises et elles étaient souvent sujettes à une interprétation de la part de la personne qui les recevait.

Durant près de cinquante ans, rares seront les scientifiques à se pencher à nouveau sur le sujet. Il faudra attendre la fin des années 1960 et un rapport surprenant reçu par les Américains concernant des expériences menées avec des médiums en Union soviétique.

Les services secrets veulent « voir »

La CIA découvrait donc qu'entre 1969 et 1971, l'Union soviétique s'était lancée dans des recherches « psychotroniques ». Les Soviétiques auraient investi environ 60 millions de roubles par an, et plus de 300 millions en 1975[16]. L'argent et le personnel consacrés à la « psychotronique » soviétique suggéraient qu'ils avaient réalisé des percées importantes. Même si l'affaire était considérée par beaucoup comme très spéculative, la CIA décida néanmoins d'investir elle aussi dans ces techniques « psy » dont l'objectif était bien entendu l'espionnage.

Dans un article publié sur le site du Centre français de recherche sur le renseignement (CF2R), le chercheur en neuropsychologie Yannick Bressan résumait assez bien les projets des militaires

16. *Eforensics and Signal Intelligence for Everyone* (English Edition), Eamon P. Doherty, 2006 p.110.

américains et surtout les résultats étonnants qu'ils purent obtenir :

« *En 1977, un militaire américain, Joseph McMoneagle, passa des tests avec plusieurs milliers d'autres individus supposés être doués d'aptitudes extra-sensorielles. Il fut retenu pour ses aptitudes exceptionnelles. À titre d'exemple, il lui fut demandé de déterminer précisément où se trouvait une personne qu'il ne connaissait pas et dont il ne savait rien. Ses réussites significatives le propulsèrent dans l'un des projets les plus confidentiels du renseignement américain : Stargate. Mieux encore, sa connaissance – ou sa vision – de secrets soviétiques sidérants poussèrent ses supérieurs à envisager que McMoneagle pouvait être un agent double ou qu'il était simplement... doué de pouvoirs extraordinaires. McMoneagle passa alors des tests qu'il réussit haut la main et il fut l'un des six sujets psi retenus pour l'expérience ultrasecrète que conduisit alors le renseignement américain*[17]. »

Cette incroyable expérience de vision à distance dura plus de vingt-cinq ans – de 1970 à 1995. Durant ces années, l'agence américaine créera une sorte d'« unité spéciale » composée exclusivement de médiums :

« *L'objectif était d'abord de mesurer concrètement les aptitudes psychiques de ces voyants-espions qui auraient pour mission d'infiltrer des esprits de scientifiques, de décideurs politiques ou d'infiltrer des lieux inaccessibles physiquement à des agents de terrain*[18]. »

17. Yannick Bressan – CF2R – NOTE PSYOPS N°7/mars 2020
18. *Ibid.*

Une « porte des étoiles » à 20 millions de dollars !

Appelée projet Stargate, l'expérience fut officiellement abandonnée en 1995. Plus de 20 millions de dollars furent attribués à ce projet. La CIA publiera en octobre de cette même année un rapport qui conclura que le *remote viewing* n'était pas « pertinent pour la collecte de renseignements sensibles ». Voici d'ailleurs un extrait de ce rapport final :

« *Les observations ci-dessus fournissent un argument convaincant contre la poursuite du programme au sein de la communauté du renseignement. Même si un effet statistiquement significatif a été observé en laboratoire, il reste à savoir si l'existence d'un phénomène paranormal, la visualisation à distance, a été démontrée. Les études de laboratoire ne fournissent pas de preuves concernant les origines ou la nature du phénomène, en supposant qu'il existe, et elles n'abordent pas non plus une question méthodologique importante de fiabilité [...]* »

Cette conclusion sera largement commentée mais aussi très contestée par la suite notamment par une grande majorité des participants à ces expériences (médiums, militaires et civils). Pour ces derniers, tous les résultats n'ont pas été déclassifiés et certaines expériences réussies ne laisseraient, d'après eux, planer aucun doute sur l'existence réelle du phénomène de « vision à distance ».

Une vision à long terme

Parmi les principaux « acteurs » du projet Stargate, quelques-uns ont fait paraître des livres révélant au grand public les incroyables expériences menées par la CIA durant vingt-cinq ans. Ce sont eux qui ont véritablement fait connaître le phénomène de *remote viewing* à travers le monde.

Certains des médiums comme Ed Dames se sont reconvertis en détective privé mettant leur don au service de particuliers fortunés. D'autres affirment avoir réussi à améliorer leur technique de géolocalisation et prétendent désormais avoir des informations importantes concernant des bases extraterrestres sur Terre ou connaître l'emplacement exact de l'Arche d'Alliance…

Le *remote viewing* reste en tout cas un sujet d'étude fascinant qui donne lieu à de nombreuses conférences à travers toute la planète. La « vision à distance » est aujourd'hui encore « testée » dans divers domaines comme l'archéologie, le conseil en stratégie d'entreprise et bien sûr la recherche de personnes disparues avec des résultats qui, malheureusement, ne sont pas encore très convaincants.

Extrait du rapport remis au Sénat américain par la CIA sur le projet Stargate

STARGATE

The conferees agree to provide $2,000,000 for the STARGATE program as proposed by the Senate. The conferees support the continuation of DIA's specialized HUMINT initiative encompassed in the STARGATE program and, following last year's practice, are including R&D funding so that the program may pursue a long term research and operations plan without constant review and adjustment.

The conferees direct that the Director of DIA realign ten civilian billets within DIA to be dedicated solely to the STARGATE program. In addition, the conferees direct that the $2,000,000 in

DIA's fiscal year 1992 program funds be used exclusively for the STARGATE program and that a program plan for the funding be prepared emphasizing the following areas:

SG1A

(2) an even balance between foreign assessments, operational activities and research, with the overall architecture of the program such that the three areas are related to and enhance each other;

(3) operational users should be identified in DoD and the intelligence community, and the operations plan developed with appropriate attention to user interest; the conferees desire that, in particular, a tasking relationship be developed with the Department of Defense Special Operations Command; and

(4) a report on the overall two year architecture be prepared and provided to the Committees on Appropriations within 120 days after enactment of this Act.

Source : Archives de la CIA

Quand le premier *crop circle* est-il apparu ?

Un « crop circle », « cercle de culture » ou « agroglyphe » est un motif géométrique simple ou complexe que l'on retrouve dans les champs de céréales, très majoritairement en Europe, principalement dans le sud du Royaume-Uni. Ces « dessins » dans les champs ont très probablement une origine humaine ou naturelle. Cependant, quelques rares apparitions de crop circles demeurent à ce jour difficilement explicables[19]*. Cela laisse la porte ouverte à toutes les théories, la plus célèbre étant la preuve d'un atterrissage d'engin extraterrestre ou d'un message, un avertissement laissé là volontairement par une civilisation inconnue.*

Avant le XIXe siècle, on ne trouve pratiquement aucune mention de ce phénomène dans les archives. Seule l'étrange histoire d'un « diable de la tonte » a été relevée dans un feuillet anglais daté

19. Voir le cas de Tully ou les traces circulaires laissées dans la neige par des « boules de lumières » dans la vallée d'Hessdalen en Norvège.

de 1678. Ce feuillet, accompagné d'une gravure sur bois – très connue des amateurs d'ovnis – montre le diable occupé à faucher un champ de blé de manière concentrique.

Le texte original[20] relate l'histoire d'un paysan du Hertfordshire qui avait cherché à embaucher un faucheur. Ce dernier demandant trop d'argent, le paysan l'avait renvoyé. Mais le faucheur, en colère, affirma avant de partir :

« *Si ce n'est pas moi qui le fais, alors ce sera le diable* ! »

Durant la nuit, le paysan et sa famille purent observer une étrange lumière au-dessus de leur champ *« comme si toute la récolte était en feu »*. Mais le lendemain matin, tous purent constater que l'avoine avait été fauché et soigneusement empilé. Toujours d'après le texte, le fermier n'a jamais osé déplacer ni même vendre la récolte, pensant que c'était *« le diable qui avait travaillé à sa place »*.

Une lumière étrange de nuit et un champ « récolté » sans intervention humaine, voilà qui pourrait se rapprocher des témoignages modernes sur l'apparition des *crop circles*. Or, il faut souligner que le texte ne donne aucun détail sur l'aspect géométrique d'un « dessin » dans le champ. Il est cependant fait mention d'une récolte « bien ordonnée ». Il faut aussi noter que la gravure est une interprétation du texte et qu'il est fort probable que son auteur n'ait jamais réellement vu le champ en question.

20. *The Mowing-Devil : Or, Strange News out of Hartford-Shire*, August 22th 1678, Luna Library UK Ref 0267 885q.

The Mowing-Devil – Extrait d'un journal anglais daté de 1678

The Mowing-Devil:

Or, Strange *NEWS* out of

Hartford-ſhire.

Being a True Relation of a Farmer, who Bargaining with a Poor *Mower*, about the Cutting down Three Half Acres of *Oats*; upon the *Mower*'s asking too much, the *Farmer* ſwore, *That the Devil ſhould Mow it, rather than He*: And ſo it fell out, that that very Night, the Crop of *Oats* ſhew'd as if it had been all of a Flame; but next Morning appear'd ſo neatly Mow'd by the Devil, or ſome Infernal Spirit, that no Mortal Man was able to do the like.

Alſo, How the ſaid *Oats* ly now in the Field, and the Owner has not Power to fetch them away.

Licenſed, *Auguſt* 22th. 1678.

Difficile donc d'affirmer que cette affaire datée du 22 août 1678 représente véritablement le premier cas de *crop circle* comme nous l'entendons aujourd'hui.

Pour trouver un rapport faisant mention de « cercles de culture », il faut remonter à 1966. Cette année-là, à Euramo, petit village de la banlieue de Tully[21], Georges Pedley, un jeune agriculteur, conduisait son tracteur pour se rendre dans un champ de banane tout proche du village. Soudain, il fut surpris par le bruit strident d'un engin qui, affirmera-t-il plus tard, était une « soucoupe volante » qui décollait d'un marécage tout proche. Effrayé par l'événement, il fit prestement demi-tour et ne chercha pas vraiment à en savoir plus. De retour dans le village d'Euramo, Georges ne tarda pas à raconter son étrange aventure à l'un de ses amis, lui aussi agriculteur. Les deux compères se décidèrent à revenir sur les lieux pour examiner le marais en question. Et là, quelle ne fut pas leur surprise de découvrir que tous les roseaux du marais avaient été comme « aplatis » en cercle et que beaucoup d'entre eux avaient été déracinés de manière inexplicable. Les roseaux semblaient avoir été couchés pour former un cercle parfait. L'affaire fut vite ébruitée par les médias locaux, puis nationaux. Cette histoire de « cercle de roseaux » et de soucoupe volante allait même intéresser la RAAF (Armée de l'air australienne), qui ordonna une enquête. Les résultats, publiés quelques mois après l'événement, ne donnèrent aucune explication rationnelle à ce qui s'était produit sur cette petite parcelle marécageuse dans la matinée du 19 janvier 1966.

21. Petite ville située dans le nord-est de l'Australie.

Ce qui est certain, c'est que cette affaire dite de « Tully » n'a pas dépassé les frontières australiennes durant des années. Tout du moins jusqu'en 1978. Doug Bower, un paysagiste originaire d'Australie et qui s'était installé au Royaume-Uni dans les années 1970, n'avait pas oublié cette incroyable histoire de « traces de soucoupe volante ». Avec l'un de ses amis, il mit au point une technique pour créer des « cercles » et des figures géométriques dans les champs de blés. À partir de 1978 et durant plus de dix ans, les deux complices réussirent à tracer près d'une trentaine de figures à chaque printemps sans jamais se faire voir d'un seul témoin. Très fiers de leurs plaisanteries, ils finiront par avouer publiquement leur supercherie en 1991, démonstration à l'appui.

C'EST QUOI LA « TÉLÉKINÉSIE » ?

Tout le monde se souvient des scènes cultes de films comme Harry Potter, Carrie, Star Wars ou Matrix où l'on peut voir des personnages user d'une force invisible dans le but de récupérer une baguette magique, un sabre laser ou pour tordre de petites cuillères. Dans ces fictions, une simple pensée suffit donc à déplacer ou à modifier des objets. Ce concept s'appelle la « télékinésie » ou « psychokinèse ».

Dans la réalité, l'idée que l'esprit puisse agir directement sur la matière n'est pas nouvelle. Nous passerons sur les phénomènes de lévitation décrits au Moyen Âge – que l'Inquisition avait attribués aux pouvoirs « diaboliques » des « sorcières » – pour nous arrêter au tout début du XXe siècle en Pologne.

LE MIRACLE POLONAIS

C'est en effet en 1908 qu'un psychologue polonais du nom de Julian Ochorowicz a fait la rencontre d'une femme aux dons pour le moins extraordinaires. Cette femme, âgée à l'époque d'une vingtaine d'années, s'appelait Stanisława Tomczyk. Cette dernière prétendait, sous hypnose, être « habitée » par l'esprit d'une autre femme qu'elle nommait « Petite Stasia ».

Et c'est, toujours d'après Stanisława, cette entité qui avait le pouvoir, sur sa demande, de faire léviter des objets.

D'abord très sceptique, Julian Ochorowicz ne tarda pas à exiger une démonstration de ses talents hors normes, ce qu'allait lui accorder la jeune femme à son propre domicile.

Un après-midi du printemps 1908, le psychologue allait assister à un spectacle qu'il n'allait jamais oublier. En effet, une fois rentrée en état d'hypnose, Stanisława s'est mise à faire léviter devant elle un verre puis un crayon, une paire de ciseaux... Les objets semblaient flotter dans l'air et rien de rationnel ne permettait d'expliquer ce phénomène. À la fin de cette démonstration, la jeune femme réussit même à stopper le mouvement d'une horloge pourtant isolée dans un caisson de verre. Le psychologue était aussi décontenancé que fasciné. Mais surtout, il était bien décidé à étudier ce phénomène de télékinésie à travers la réalisation de nombreuses expériences.

Durant plus de six ans, Stanisława se prêta sans sourciller à toutes sortes de tests et le psychologue finit par admettre que la jeune femme était probablement douée d'un pouvoir qu'il lui était impossible d'expliquer scientifiquement.

Le voyage en Grande-Bretagne

Les talents de la jeune Polonaise furent bien vite connus dans tout le pays et bien au-delà. À la fin du printemps 1914, Stanisława Tomczyk fut invitée par la Society for Psychical Research à venir à Londres pour y faire la démonstration de ses fameux pouvoirs de télékinésie.

Arrivée en juin 1914, accompagnée par Julian Ochorowicz, la Polonaise fut assez rapidement conviée à participer à des tests, a priori très informels, sous le regard – très expert – de chercheurs en parapsychologie mais aussi d'ingénieurs en électricité ou encore de magiciens.

La jeune femme aurait-elle été impressionnée ? Aurait-elle perdu son « pouvoir » ou était-elle tout simplement très fatiguée ? Toujours est-il que les résultats obtenus au cours de 11 séances organisées en dix jours furent considérés comme « non concluants » par les membres de la SPR.

Ces derniers noteront tout de même que « la démonstration la plus frappante a été la lévitation momentanée d'une boule de celluloïd à environ 20 cm au-dessus d'une table, avec ses mains à moins d'un cm de l'objet… »

À un cheveu près…

Mais le rapport mentionne également qu'il existe de fortes suspicions de fraude impliquant notamment l'utilisation d'un fil ou d'un cheveu fin, passant entre ses mains pour soulever et suspendre les objets en l'air. Un fait observé par plusieurs scientifiques et confirmé par quelques magiciens dont le célèbre William Marriot, mais aussi, et c'est plus pathétique, par le psychologue polonais qui l'avait accompagnée et qui n'avait pourtant jamais rien décelé jusqu'alors.

Plus indiscutable encore, certaines photographies montraient très clairement un fil noir présent entre les mains de la jeune femme durant certaines expériences.

L'aventure « télékinésique » de Stanisława Tomczyk s'arrêtait donc là… Enfin pas tout à fait, puisque quatre ans après, la jeune Polonaise revint à Londres, non pas pour faire une nouvelle démonstration, mais pour épouser Everard Feilding, l'un des membres de la Society for Psychical Research qui avait ruiné sa réputation en 1914…

Des expériences françaises

En France aussi, des expériences furent menées dans les années 1920 et jusqu'à aujourd'hui à l'Institut métapsychique international de Paris. Mais une nouvelle fois, les résultats obtenus, faisant pourtant suite à des centaines d'expériences, n'ont pas réussi à convaincre le monde scientifique de l'existence réelle de la télékinésie.

Stanisława Tomczyk durant ses démonstrations de lévitations

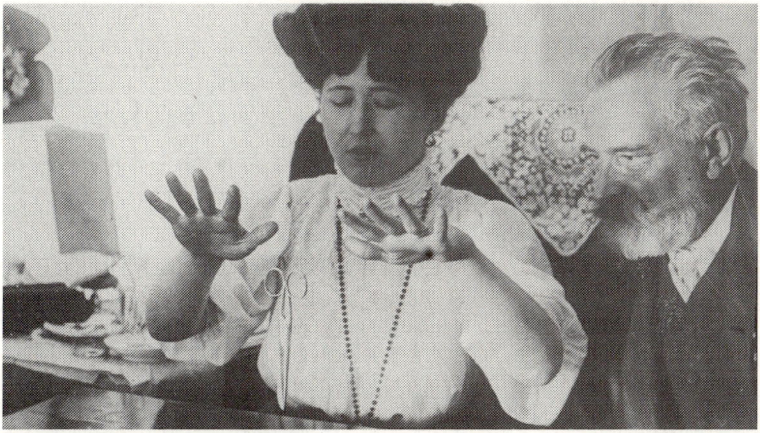

Fig. 15.

Fig. 16.
Levitation of a lighted cigar.

Source : Gallica

Le cas Uri Geller

Lorsqu'on évoque la télékinésie ou la psychokinésie, on ne peut passer à côté du cas Uri Geller. Un « médium » israélien célèbre dans les années 1970 et 1980 dont les expériences en laboratoire et surtout les démonstrations sur les plateaux de télévision avaient interpellé des millions de personnes à travers le monde. Uri Geller, c'est l'homme qui tordait les cuillères, les fourchettes ou tous les objets métalliques, à la seule force de son regard ou plutôt de sa pensée.

Quelques illusionnistes dont, en France, Gérard Majax, ont accusé Uri Geller d'utiliser des techniques liées à leur art. Ce dernier admettra en 2008 lors d'une interview au magazine allemand *Magische Welt* : « *Je ne dirai plus que j'ai des pouvoirs surnaturels. Je suis un artiste. Je veux faire un bon spectacle. Mon personnage a changé.* »

Des tutos de télékinésie sur YouTube

Uri Geller, Stanisława Tomczyk et beaucoup d'autres depuis cent cinquante ans n'ont évidemment par permis de faire avancer la recherche sur les phénomènes télékinétiques. Bien au contraire, ce phénomène est désormais synonyme de magie, de supercherie voire de fraudes… Pourtant, malgré cette image très ternie, il existe encore des défenseurs du pouvoir de psychokinèse.

On trouve en effet sur les plateformes de vidéos en ligne de nombreuses « démonstrations » d'amateurs issus de tous les continents qui tentent de convaincre un public de l'existence du phénomène à travers diverses petites expériences.

L'une d'entre elles – la plus accessible – consiste à plier un petit morceau de papier d'aluminium et à lui donner une forme pyramidale. Après cela, il suffit de poser délicatement la petite pyramide sur une aiguille, elle-même plantée sur un bouchon de liège. L'ensemble ressemble finalement à un petit manège ou plutôt à un mobile d'enfant très simplifié. L'exercice consiste ensuite à approcher ses mains à quelques centimètres de « l'engin ». Il faut alors se concentrer mentalement en imaginant le « mobile » en train de tourner.

Au bout de quelques secondes ou quelques minutes, la pyramide d'aluminium se met effectivement à tourner, ce qui généralement provoque l'étonnement de tous y compris de l'expérimentateur, convaincu d'avoir réussi à agir sur la matière par une simple volonté.

Rien de très « paranormal » à cela. Un très léger mouvement de la main, une respiration peut en effet déclencher le mouvement du mobile, tout comme un courant d'air imperceptible provoqué notamment par la chaleur des mains.

À ce jour, aucune expérience, réalisée dans le cadre d'un protocole scientifique sérieux, n'a jamais pu prouver l'existence d'un éventuel pouvoir de notre esprit agissant directement sur la matière.

Reste qu'il existe à mon sens une zone d'ombre dans ce domaine : la possibilité que notre esprit soit capable de provoquer – sans les contrôler – des phénomènes dans des habitations comme des bruits ou des coups dans les murs, la lévitation d'objets divers ou des chutes de petites pierres. Un phénomène connu sous le nom de Poltergeist…

Qu'est-ce qu'un poltergeist ?

Les phénomènes dits de « poltergeist[22] » sont des manifestations physiques inexpliquées qui se présentent sous diverses formes : coups frappés, matériel ou corps en lévitation, jets de pierres, disparition ou téléportation de petits objets, dysfonctionnements électriques ou électroniques… Ces phénomènes se produisent en général à l'intérieur d'une habitation durant plusieurs jours, voire plusieurs semaines. On trouve une multitude de témoignages sur ce sujet à toutes les époques et dans de nombreux pays dans le monde.

Si l'on peut admettre qu'un certain nombre de cas sont le fruit de manipulations, de fraudes, de problèmes liés à des désordres psychologiques ou à des confusions avec des événements naturels (bruits d'animaux ou du travail du bois dans une charpente par exemple), force est de constater qu'une large partie des

22. Le terme « Poltergeist » nous vient de la langue allemande et pourrait être traduit par « Esprit frappeur » ou « Esprit bruyant ». La toute première mention de ce mot figure dans un dictionnaire allemand daté de 1540.

phénomènes de poltergeist observés et étudiés ne trouvent à ce jour aucune explication rationnelle.

Il faut noter que, dans la culture populaire et avec le temps, ces phénomènes sont souvent rattachés à un lieu : maison, moulin ou château que l'on qualifie alors de « hantés ». Toujours d'après la tradition populaire, les bruits, les déplacements d'objets seraient le fait d'un ou plusieurs « fantômes ».

Si l'on écarte les croyances, il est important de retenir que les phénomènes de poltergeist ont été étudiés depuis plusieurs décennies par des gendarmes, des scientifiques, des médecins ou des psychiatres. Ce qui est surprenant, c'est qu'il apparaît que certains faits sont très souvent communs à de nombreuses affaires documentées :

- Les phénomènes de poltergeist semblent liés à la présence d'une personne vivant dans l'habitation ;

- Cette personne est souvent jeune (entre 9 et 18 ans) ;

- L'état psychologique de l'enfant ou de l'adolescent est souvent décrit comme fragile (difficulté à exprimer des émotions ou des problèmes) ;

- Les phénomènes cessent totalement lorsque cette personne quitte l'habitation mais peuvent reprendre dans un autre lieu en sa présence ;

- Les phénomènes défient les lois de la physique. Lévitation d'une pierre, objet qui traverse un mur ou une table, bruit puissant de vaisselle cassée sans qu'il n'existe la moindre trace de l'événement ;

- Les phénomènes, en dépit d'une certaine violence, ne blessent jamais les personnes présentes ;

- Les objets qui se sont déplacés ou qui ont lévité sont « chauds » (température élevée) lorsqu'ils sont touchés par des témoins juste après le phénomène ;

- Le phénomène semble « jouer avec » ou « provoquer » les habitants des lieux.

Pour illustrer cette liste de faits, que l'on retrouve donc dans de nombreuses affaires, je vous propose de découvrir un cas de poltergeist peu connu et relaté dans les colonnes du *Petit journal* en 1927. Il concerne un cas qui est, à mon sens, très représentatif de ces phénomènes extraordinaires et qui définit parfaitement le type de phénomène dit de « poltergeist ».

Cet article est rapporté par Jacques Rondin, un journaliste du célèbre quotidien de l'époque et qui relate une étonnante enquête datant de 1921.

« *En 1921, j'ai eu à m'occuper d'une affaire extrêmement troublante et qui n'a jamais été bien* éclaircie *[…]. Cela s'est passé dans un petit pavillon de la rue Paul-Déroulède à Bois-Colombes. Donc, un après-midi – c'était au début du mois de décembre –, effectuant comme d'habitude ma tournée des commissariats de la banlieue Ouest, j'eus la surprise de voir M. Monneret, commissaire de police de Courbevoie, m'accueillir avec des airs mystérieux.*

– Mon cher ami, me lança-t-il de loin, aujourd'hui j'ai mieux à vous offrir qu'un vulgaire cambriolage, un banal suicide ou le sempiternel accident sur la voie publique...

– Hé ! Quoi ! fis-je, intrigué. Auriez-vous par hasard un tremblement de terre à me signaler ou la découverte d'un milliard en pièces d'or ?

– Non... J'ai une maison hantée... ou du moins qui semble l'être...

En deux mots, voici : depuis quelques jours, d'inexplicables phénomènes se produisent dans le logis de Mme Rappeneau, qui demeure dans un pavillon de la rue Déroulède... De la ferraille : clous, vis, boulons et petits cailloux, venus on ne sait d'où, ni de quelle manière, tombent comme de la mitraille dans le logis, brisant verres et assiettes. Mme Rappeneau qui craint d'être atteinte, voire blessée par ces projectiles, nous a signalé ces phénomènes, et j'ai dépêché l'agent Thierry, qui l'a accompagnée chez elle... Il a dressé de sa visite le rapport que voici...

Je lus attentivement ce rapport qui disait en substance : "M'étant rendu sur les lieux, j'ai constaté, avec une réelle stupeur, que deux petits boulons de fer sont tombés en ma présence sans que je puisse en découvrir la provenance."

Extrait du quotidien *Le Petit journal*, Édition de Paris du lundi 7 février 1927

LES GRANDES ENQUETES DU « PETIT JOURNAL »

Spectres et Maisons hantées

II. - Le pavillon mitraillé de Bois-Colombes

Par Jacques Rondin

— Une maison hantée ? Oui, j'ai ça dans mes souvenirs, me dit un de mes confrères...

En 1921, j'ai eu à m'occuper d'une affaire extrêmement troublante et qui n'a jamais été bien éclaircie...

Cela s'est passé dans un petit pavillon de la rue Paul-Déroulède, à Bois-Colombes.

Donc, un après-midi — c'était au début du mois de décembre — effectuant comme d'habitude ma tournée des commissariats de la banlieue ouest, j'eus la surprise de voir M. Monneret, commissaire de police de Courbevoie

Source : Gallica

C'était une amusante enquête en perspective. Mais avant de me rendre à mon tour chez Mme Rappeneau, je demandai quelques détails à l'agent Thierry ; celui-ci ne put qu'ouvrir ses grands bras et laisser tomber :

– Je n'y comprends rien !

Tandis que je sollicitais quelques renseignements de la vieille dame, deux bruits métalliques m'ont fait tressaillir... C'étaient deux boulons qui venaient de frapper violemment la table... D'où venaient-ils ? Mystère...

J'allai visiter le pavillon, énigmatiquement mitraillé... Mme Rappeneau me reçut fort aimablement... C'était une très vieille dame à cheveux blancs.

– Monsieur, me dit-elle, il n'y a pas une demi-heure, il est tombé les quatre longues vis que voici... L'une m'a touchée au front et m'a légèrement égratignée...

Elle me conduisit dans la pièce où le phénomène s'était accompli ; c'était au rez-de-chaussée et au fond de l'appartement, dans une salle à manger faiblement éclairée par les vitres d'une porte-fenêtre donnant sur le jardin.

– J'étais ici, debout devant ma table, en train de repasser du linge, expliqua la vieille dame, et j'avais en face de moi, assise et écrivant, ma petite-fille que vous voyez encore, son crayon à la main.

– De quel côté les vis vous ont-elles paru provenir ?

– Oh ! Toujours du même côté. Par-là, à gauche... comme si elles étaient passées à travers le mur... Et, pourtant, depuis dix jours que cette pluie bizarre a commencé, ce mur a été examiné par un architecte et sondé par un maçon qui n'y ont découvert aucune crevasse... De plus, j'ai fait coller ce papier, qui, vous le constatez, n'est crevé nulle part. Afin de nous protéger, j'ai fait tendre, devant le buffet, cette large draperie qui ne touche pas tout à fait le plafond, et c'est, me semble-t-il, par l'espace qui la sépare de celui-ci, que les quatre vis sont venues tout à l'heure.

– Cette mitraille vous arrive-t-elle plutôt à certaines heures qu'à d'autres ?

– J'ai remarqué que la ferraille ne tombait ici que pendant le jour et lorsque nous y sommes toutes les deux, ma petite-fille et moi, qu'il y ait ou non d'autres personnes... La concierge, une voisine et un agent de ville ont assisté à ces chutes...

Mme Rappeneau me montra une corbeille.

– Tenez, voici tout ce que j'ai ramassé...

Il y avait dans le récipient une quarantaine d'écrous de différentes grosseurs, des vis, des pitons à crochet, des petits cailloux de jardin et deux clefs. Mais la vieille dame poursuivait son récit en pleurnichant :

– Ils m'ont fêlé un carreau et ébréché deux petits pots à craies en porcelaine qui étaient sur le buffet...

– Mais, cette ferraille, la connaissez-vous ?

– Oh ! oui... elle se trouvait dans une caisse à *outils volée, il y a deux ans, à mon petit-fils...*

Après un temps, elle ajouta naïvement :

– Savez-vous, Monsieur, que je commence à avoir peur quand je suis chez moi toute, seule avec ma petite fille...

– Parbleu !... Mais selon vous, comment expliquer cette mitraille ?

– Je crois qu'on veut nous forcer à partir d'ici parce que nous y restons bien que le propriétaire nous ait donné congé... On veut nous effrayer.

Tandis que Mme Rappeneau continuait ses explications confuses, j'examinai sa petite-fille... C'était une pauvre enfant difforme et malingre qui avait des gestes saccadés, des tics nerveux et me regardait avec des yeux un peu hébétés. Sa grand-mère surprit mon regard :

– C'est une pauvre orpheline... Elie est sourde et muette... Depuis trois semaines, elle souffre d'une crise de croissance. Figurez-vous qu'il y a des voisins qui prétendent que c'est elle qui lance tout ça... Mais

comment le pourrait-elle ? Je l'aurais vue, voyons ! Et puis, ces objets, il faudrait qu'elle les eût sur elle, or, elle n'a pas de poches à sa robe !

Minutieusement, je visitai la maison. Rien d'anormal ne me frappa, pas plus d'ailleurs que le moindre petit piton. Les jours qui suivirent, la mitraille s'intensifia venue toujours aussi mystérieusement... Des amis, des voisines accoururent par sympathie ou curiosité. Ils furent mitraillés consciencieusement et toujours en présence de la petite sourde-muette. L'enfant était-elle visée par un personnage invisible pouvant lancer sa ferraille par un orifice que personne ne parvenait à découvrir ? Ou bien cette enfant, alors en proie à des troubles physiologiques d'un genre très particulier, provoquait-elle, à son "insu", le déplacement des objets ?

Étions-nous dans le domaine du quasi surnaturel des phénomènes psychiques produits par des êtres obéissant inconsciemment à des forces que nous ne connaissons pas ou mal ?

L'enfant était-elle une médium ? Son action de projeter des objets en fer était-elle analogue à ces mystifications involontaires qui ont été observées chez certains malades nerveux ?

Le commissaire de police de Courbevoie, M. Monneret, désespérant d'obtenir la solution de l'énigme par une surveillance qui demeurait insuffisante et devenait quelque peu ridicule, manda un de ses amis, le docteur Gibrié de l'hôpital Péan, distingué spécialiste des maladies nerveuses. Celui-ci examina la petite et à l'issue de cet examen, il me confia :

– Cette enfant est un "sujet" remarquable... Grande névrosée en ce moment où elle est en période de croissance, elle "fait de la chorée" et tend vers l'hystérie... Par conséquent, il se peut qu'à l'exemple de quantité d'autres sujets déjà observés, ce soit elle qui lance cette mitraille – et nous nous trouverions alors en présence d'un cas de "supercherie inconsciente" – ou bien qui déplace seulement, les objets de fer par "lévitation"... Tout est possible avec des sujets comme elle... D'ailleurs vous avez dû remarquer que dans toutes les maisons dites hantées, il y a un enfant, garçon ou fille, de l'âge de celle-ci[23]*...* »

L'article s'achève sur une interrogation. Malheureusement, l'auteur ne donne que peu d'informations sur la suite des événements. Seulement laisse-t-il entendre qu'il a revu, des années plus tard, certains des protagonistes de cette affaire, et que ces derniers ne souhaitaient plus entendre parler de cette histoire.

23. *Le Petit journal*, Édition de Paris, Lundi 7 février 1927 – 5 heures du matin – Pages 1 et 2 – Jacques Rondin.

Qui a inventé le mot « ovni » ?

Ovni est un acronyme signifiant « Objet volant non identifié ». Il est la traduction littérale de l'expression anglaise UFO « Unidentified Flying Object ». Une expression utilisée pour la première fois en 1947 par Edward J. Ruppelt, un officier de l'armée de l'air américaine célèbre pour avoir participé au Projet Blue Book[24].

Il est difficile d'attribuer à une personne en particulier la paternité du terme « ovni » en France. Les premières mentions dans la littérature francophone semblent n'apparaître qu'à la fin des années 1960. Le mot « ovni » ne deviendra d'ailleurs vraiment populaire qu'à partir de 1973.

Cependant, il semble que la revue française *Lumières dans la nuit*[25], fondée en 1954 par l'astronome amateur Raymond Veillith, fut l'une des premières à employer le terme « ovni ». Ce bimestriel consacré uniquement à l'étude des phénomènes inexpliqués

24. Enquête interne de l'US AIR FORCE sur le phénomène Ovni dans les années 1940-1950.
25. *Lumières dans la nuit* (LDLN) est une revue bimestrielle française d'ufologie créée en 1958 dont le siège social était situé à Chambon-sur-Lignon.

dans le ciel avait même inventé l'acronyme « MOC » pour « Mystérieux objets célestes ». Un terme qui restera assez confidentiel mais que ses rédacteurs utiliseront régulièrement jusqu'à la fin des années 1960.

En fait, c'est l'expression « soucoupe volante », elle aussi traduite de l'américain[26], qui fut utilisée couramment dans les années 1950, 1960 et 1970 pour désigner le phénomène ovni.

Dans la définition même du mot ovni, il faut noter qu'il n'y aucune indication « extraterrestre ». On parle bien d'un objet non identifié qui pourrait tout à fait trouver une origine terrestre humaine ou naturelle.

Un dirigeable observé par une civilisation ne connaissant pas cette technologie pourrait donc être considéré par cette dernière comme un ovni.

Et paradoxalement, si un jour la science réussit à prouver qu'un véritable engin extraterrestre a survolé notre pays, on ne pourra pas parler d'ovni puisque « l'objet » en question aura été défini.

Il faut aussi noter que depuis la fin des années 1990, les spécialistes préfèrent utiliser l'acronyme « PAN » pour « Phénomène aérien non identifié ». Il était en effet impropre d'évoquer des « objets » lorsque l'observation correspondait à des phénomènes gazeux, lumineux ou qui ne laissaient aucune trace radar.

26. Flying Saucers.

Photo supposée d'ovni prise à Passaic (USA) le 29 juillet 1952

Source : CIA educational materials

D'OÙ VIENNENT LES VAMPIRES ?

Des morts-vivants, sortant de leur tombe pour aller se délecter du sang humain durant la nuit, voici, de manière très sommaire, la définition que l'on pourrait faire de nos jours d'un vampire. Contrairement à ce qu'un grand nombre de personne se figure, le vampire n'est pas né de l'imagination fertile d'un romancier du XIXe *siècle. La légende puise en effet son origine dans de très nombreux mythes datant pour certains de plusieurs millénaires. Ces récits, on les retrouve principalement en Europe, mais aussi sur d'autres continents et notamment en Asie.*

DES VAMPIRES INDIENS

En Inde, par exemple, la tradition hindoue mentionnait déjà il y a deux mille cinq cents ans l'existence de personnages maléfiques – les *raksnhasas* et les *pishachas* – qui se repaissaient de chair humaine et buvaient le sang de leurs victimes.

Ces êtres étaient habités par des âmes humaines qui n'avaient pu se réincarner du fait d'avoir eu une vie considérée comme ayant été trop grossière, trop matérialiste et dépravée.

Après la disparition du corps, les âmes restaient donc liées à la terre par manque de spiritualité et par la prédominance de leurs basses natures. Il faut noter que dans la culture hindoue, les pishachas sont les seuls êtres humains désincarnés avec lesquels les vivants pouvaient entrer constamment en communication. Ces êtres possédaient aussi une apparence physique décrite dans les textes sacrés hindous comme suit : de petite taille, sombres de peaux, avec des yeux exorbités et de très grandes canines. Ces démons indiens possédaient aussi leur propre langage. Même si les longues canines et la soif de sang font partie du folklore qui rejoint le mythe occidental du vampire, la particularité principale de ces démons indiens est, à mon sens, leur capacité à prendre possession du corps de n'importe qui. C'est ce point qui me semble véritablement rejoindre les croyances occidentales actuelles sur le vampire, capable, une fois sa victime mordue, de la transformer en vampire à son tour. Une vie terrestre maudite sans véritable vie spirituelle et dans laquelle il ne peut profiter d'aucun bien matériel.

Les déesses démoniaques

Dans la mythologie grecque, on trouve aussi quantité de personnages démoniaques. Et pour certain, la légende du vampire trouverait ses origines en Grèce. On trouve en effet un personnage maléfique très particulier qui était avide de sang et

Une « Goule », sorte de vampire féminin occupée à manger le cœur d'une jeune mariée. Illustration de 1874

connu sous le nom de « l'Empuse » ou « Empousa ». Une divinité boiteuse, une femme anthropophage qui avait le pouvoir de prendre de nombreuses apparences. Sa mission était d'épouvanter les voyageurs durant la nuit.

Dans des textes du biographe romain Philostrate ou du poète grec Aristophane, il est fait mention des nombreuses métamorphoses de « l'Empuse » mais aussi à son pied d'âne qui la rendait donc boiteuse. Un portrait qui s'éloigne sérieusement de l'idée que nous nous faisons aujourd'hui du vampire.

Cependant – et c'est ce qui nous intéresse dans le cadre de chapitre – cette « Empousa » avait la très mauvaise réputation de manger le corps de jeunes hommes et de se délecter de leur sang. Seul moyen de se débarrasser de ce démon : le frapper… La tradition a d'ailleurs gardé vivante durant plusieurs siècles cette légende de l'Empuse. Un jeu d'enfant, assez violent, qui est resté particulièrement populaire dans l'Europe du Sud : le jeu du diable boiteux qui consistait à pourchasser à grands cris et à frapper l'un des participants qui courait sur un seul pied.

L'Empuse est toujours présente aujourd'hui dans notre culture, mais sous une forme différente. Ce démon féminin a en effet laissé son nom à un champignon tueur qui a la particularité morbide d'envahir le corps des mouches. Le mycélium se développant dans l'organisme condamne l'insecte en quelques jours, mais permet au champignon de survivre et de s'installer sur de nouveaux terrains.

Les mouches doivent d'ailleurs se méfier doublement de l'Empuse puisque « empusa » est aussi le nom d'une espèce d'insecte de l'ordre des mantes religieuses que l'on trouve en Europe du Sud. Surnommé le « diablotin de Provence », cet insecte se nourrit principalement de mouches qui, de manière à ce jour inexpliquée, viennent se jeter dans leurs mandibules. L'empusa possède également une apparence que l'on pourrait qualifier de diabolique, avec ses gros yeux rouges et ses grandes antennes en forme de corne.

Quant à savoir si la figure mythologique de l'Empuse aurait pu participer à la construction du mythe du vampire, rien n'est certain. À mon sens, il serait plus judicieux d'explorer des pistes plus modernes pour expliquer la naissance de ce mythe.

Le nouveau vampire

Nous l'avons abordé brièvement : le folklore ou les traditions de nombreuses cultures évoquent depuis fort longtemps des personnages maléfiques s'abreuvant du sang de victimes innocentes. Ce sont certaines de ces croyances qui ont inspiré le poète anglais John Stagg pour la rédaction de sa ballade *Le Vampire* parue en 1810. En introduction de ce court texte on peut d'ailleurs lire ceci :

« *L'histoire de* The Vampyre *est basée sur les croyances et les histoires qui prévalaient en Hongrie et dans plusieurs régions d'Allemagne dans le courant du siècle dernier. Il est indéniable que, dans certains endroits, des personnes décédées ont été vues quittant leur tombe, et, durant la nuit, sont venues dans la maison de leur famille ou de leurs amis pour aspirer leur sang alors que ces derniers dormaient encore*[27]. »

À la lecture de ce texte daté de 1810, on retrouve, pour la première fois, une partie des éléments qui composeront le portrait de notre vampire actuel.

À mon sens, c'est bien John Stagg qui a popularisé les éléments fondateurs du mythe moderne du vampire.

Ces éléments seront repris quelques années plus tard dans un texte signé d'un jeune médecin d'origine italienne : John William Polidori. Il rédigera une nouvelle intitulée *The Vampyre* en 1816.

C'est dans cette nouvelle que vont être repris les attributs du vampire de John Stagg, mais avec quelques nouveautés importantes. On y trouve en effet pour la première fois la description d'un personnage noble, mystérieux et séducteur... Un homme sombre et étrange qui s'intéresse particulièrement aux femmes et qu'il gratifie d'une terrible morsure à la gorge. La nouvelle de John William Polidori ne sera publiée dans le magazine *The New Monthly Magazine* qu'en 1819 sous le titre : *The Vampyre*. Elle connaîtra un succès considérable à travers toute l'Europe.

27. John Stagg, *The Minstrel of the North; Or, Cumbrian Legends: Being a Poetical Miscellany of Legendary, Gothic and Romantic Tales*, 1816.

DRACULA

Le texte de John William Polidori inspirera naturellement bien d'autres auteurs. Parmi eux, on peut citer Joseph Sheridan Le Fanu mais aussi Jules Verne[28] et bien sûr : Abraham Stoker. Plus connu sous le nom de Bram Stoker, ce romancier d'origine irlandaise, passionné d'histoires fantastiques, se plongera durant plus de dix ans dans les archives en approfondissant ses connaissances sur le folklore et les légendes européennes. Avec l'aide d'un géographe et historien hongrois, Armin Vambéry, il s'intéressera tout particulièrement à une région : la Transylvanie. Sans jamais s'y être rendu, il en retirera quelques éléments essentiels et notamment le nom « Draculea[29] » inspiré du surnom d'un « prince » de Valachie : Vlad III.

Vlad III (Vlad Tepes) est un personnage historique à la terrible réputation ayant vécu au XVe siècle. La légende voudrait en effet que Vlad III avait pour habitude de torturer ses ennemis puis de les décapiter pour ensuite exposer leur tête sur des pieux à l'entrée de ses châteaux. Un spectacle qui devait sérieusement refroidir les invités de passage… Cependant, d'après les recherches de nombreux historiens, cette légende ne semble pas fondée. En revanche, Vlad III (dit l'Empaleur) a réellement fini décapité en décembre 1476. Sa tête fut envoyée à un sultan ottoman qui eut l'idée de l'exposer… sur un pieu !

---

28. *Le Château des Carpathes*, publié en 1892.
29. Qui signifie « Fils du dragon ».

Bram Stoker a donc complété la légende moderne du vampire pour lui donner tous les attributs qu'on lui connaît aujourd'hui dans un livre : *Dracula*.

L'auteur nous dépeint un personnage étrange, tourmenté et immortel, vivant dans un château perdu au cœur de la mystérieuse Transylvanie. Un homme doté du pouvoir de se transformer en chien ou en chauve-souris. Un homme dont le corps ne projette aucune ombre et dont l'image n'apparaît jamais dans un miroir. Un homme capable d'hypnotiser d'autres humains, de voir la nuit et bien sûr de rajeunir en buvant le sang d'innocentes victimes.

Le roman de Bram Stoker sera publié en 1897 et rencontrera un succès planétaire. L'image de son vampire inspirera une multitude d'adaptations au théâtre, à la radio, en bandes dessinées, au cinéma et, depuis quelques années, dans les séries TV.

Comme nous l'avons vu, les mythes antiques, le folklore, les légendes, les traditions ont alimenté pendant des millénaires l'imaginaire populaire. Cet imaginaire fut repris par des auteurs, des poètes, des romanciers du XIXe siècle qui ont fini par créer un personnage unique, incarnant de nombreuses peurs ancestrales que nous appelons aujourd'hui le vampire…

Qu'est ce qu'un « orbe » ?

Un orbe (dans le cadre d'un phénomène paranormal) est une petite sphère plus ou moins lumineuse et vaporeuse qui se déplace dans l'air. Quasi invisible à l'œil nu, l'orbe est généralement révélé par un appareil photographique ou sur une vidéo. La présence d'un ou plusieurs orbes prouverait, d'après une croyance populaire récente, l'existence d'entités, de fantômes ou d'énergies exotiques. Ces « énergies » seraient capables d'interagir avec des personnes présentes dans une pièce en se positionnant à des endroits précis ou à côté d'un visage.

Le 6e sens ?

Ce phénomène a été popularisé avec le film *Sixième Sens* sorti en 1999. Dans ce long métrage du réalisateur M. Night Shyamalan, on découvre le don étrange d'un jeune garçon prénommé Cole qui prétend voir des défunts et communiquer avec eux. Sur la plupart des photographies du jeune garçon, on peut apercevoir tout près de lui des reflets lumineux étranges, des boules de lumières que certains appellent des orbes. Après la sortie du film, nombreux furent les spectateurs qui inspectèrent les photographies de leur famille ou de leur propre enfance pour y trouver des traces similaires… Et ils en trouvèrent beaucoup !

Tu es poussière…

Cela s'explique la plupart du temps par un phénomène très commun lié à la réflexion des rayons d'une lumière ambiante ou d'un flash sur des particules en suspension dans l'air. Des poussières, de fines gouttelettes d'eau ou même de petits insectes volants renvoient la lumière sur un fond très sombre. En règle générale, l'appareil photo n'a pas le temps de faire une « mise au point ». La particule, l'insecte ou la gouttelette apparaît très floue et lumineuse. On obtient donc à l'image une sorte de petite sphère, vaporeuse et faiblement lumineuse.

Des sites abandonnés depuis plusieurs années, les pièces d'un vieux château, un grenier ou une cave sont bien entendu des lieux chargés de poussières ou d'humidité et sont donc plus propices à la présence d'orbes sur les clichés.

D'autre part, la démocratisation des appareils numériques à partir du milieu des années 1990 a largement contribué à amplifier le phénomène du fait de la possibilité de prendre beaucoup plus de photos et d'obtenir le résultat instantanément.

Orbe dans une cheminée / Photographie prise sans flash en 2021 dans la bibliothèque d'un ancien presbytère.

© David Galley

De rares cas inexpliqués

S'il est évident que la quasi-totalité des phénomènes d' « orbes » trouvent une explication tout à fait rationnelle et indiscutable, on peut tout de même s'interroger sur certains clichés.

J'ai eu par exemple l'occasion d'examiner les photographies d'une tombe prises sous plusieurs angles dans un célèbre cimetière parisien. On peut nettement voir sur les photographies une sorte de petit cône lumineux. Ce « cône » est présent sur 4 clichés et semble flotter au-dessus de la tombe à un endroit précis. Un phénomène observable sur des photographies pourtant prises à des distances et des angles différents. L'auteur de ces clichés m'a affirmé n'avoir rien vu sur le moment mais avait « ressenti » un certain malaise devant cette tombe, qui je le précise, était celle d'un médium célèbre au début du XXe siècle.

Sans rentrer dans de longues explications, un phénomène ou un problème optique me semble exclu.

Reste qu'un montage ou une manipulation des photos sur un logiciel de retouche ou un problème technique lié à l'électronique de l'appareil est envisageable. Cependant, aucune autre photographie présente sur la carte mémoire de l'appareil photo ne laisse apparaître le même phénomène. Alors, simple bug technique ? Apparition d'un spectre ? À ce jour, il m'est encore impossible d'avancer la moindre conclusion sur ce cas. Le mystère des orbes ne serait donc pas totalement élucidé.

Qu'est ce que le Grand Etteilla ?

Le Grand Etteilla est un célèbre jeu de tarot divinatoire créé à la fin du XVIIIe siècle par un Français du nom de Jean-Baptiste Alliette.
Jean-Baptiste Alliette, né en mars 1738, était un marchand d'estampes parisien qui publia une quinzaine d'ouvrages sur la manière de « tirer les cartes » ou plus généralement sur les Oracles. Il est considéré comme l'un des fondateurs de la divination par le tarot.
Ce n'est que deux ans avant sa mort en 1791 qu'il éditera son propre tarot divinatoire que l'on connaît toujours aujourd'hui sous le nom de Etteilla ou Grand Etteilla.

Le nom de l'auteur caché dans le titre

Etteilla n'est pas le nom d'un dieu égyptien ou une formule magique. C'est tout simplement le nom, à l'envers, de Alliette, son auteur.

Le Grand Etteilla s'inspire du célèbre tarot de Marseille mais aussi du livre de Thot[30]. Ce livre mythique, connu aussi sous le nom du « livre de la Connaissance », aurait été transmis à l'humanité par le dieu égyptien Thot.

Jean-Baptiste Alliette mêle donc dans son tarot divers types de symboles qui sont issus de l'Égypte pharaonique, de la Rome ou de la Grèce antique, mais aussi de l'astrologie ou encore de l'alchimie. Certains y ont trouvé également des symboles proches de la franc-maçonnerie.

78 ou 32 cartes ?

Le Grand Etteilla compte 78 cartes (ou lames) numérotées qui peuvent s'interpréter aussi bien à l'endroit qu'à l'envers. Chaque carte possède une gravure en couleur ainsi que 2 mots facilement interprétables (procès, fausseté, joies, opulence, espion, etc.).

De nos jours, le Grand Etteilla est vendu accompagné de son livret apportant des propositions d'interprétations pour chaque tirage. Il existe également une version 32 cartes de ce jeu divinatoire : le Petit Etteilla.

30. Dieu de l'écriture et du secret des dieux dans l'Égypte antique.

Carte du Grand Etteilla

Source : Gallica

Pourquoi croiser un chat noir porte-t-il malheur ?

Le chat fut l'objet de très nombreuses croyances depuis des millénaires sur lesquelles je ne vais pas m'étendre dans le cadre de ce chapitre. S'il était adoré comme un dieu dans l'Antiquité égyptienne et considéré comme un porte-bonheur depuis le XVII*e siècle au Japon, il n'en fut pas de même en Europe durant le Moyen Âge et jusqu'à la Renaissance.*

C'est à cette période que le chat – et plus particulièrement le chat noir ou albinos – fut petit à petit associé à la sorcellerie par l'Église de Rome, qui voyait à cette époque le diable un peu partout. Le chat – ou plus précisément la chatte – avec ses yeux « démoniaques », son comportement sexuel très démonstratif et sa capacité à se faufiler discrètement d'un endroit à un autre était devenu, sous les sermons de l'Église, un être malfaisant tout droit venu de l'enfer. Il fut donc très vite associé aux sorcières et l'on considéra le chat comme leur « associé ». Le félin était donc devenu un animal de malheur. Les chats noirs notamment furent égorgés, décapités, brûlés à l'occasion de vastes bûchers ou encore accrochés aux portes des maisons pour faire fuir « le mal ».

À la fin du XVe siècle, le chat était considéré comme « le déguisement du diable » pour ses visites sur la Terre. Les terribles persécutions des chats – tout comme les sorcières – perdurèrent jusqu'à la Renaissance.

Il faudra véritablement attendre la Révolution française pour voir dans notre pays un retour en grâce du chat, notamment dans l'aristocratie.

Reste que dans la culture populaire française, même si la croyance s'est largement affaiblie, le chat noir reste encore de nos jours synonyme de malheur. Ce qui n'est étrangement pas le cas au Royaume-Uni, où, bien au contraire, croiser le chemin d'un chat noir porte bonheur.

L'explication aurait pour origine la célèbre bataille de Waterloo en 1815. Le 17 juin, veille de la bataille, Napoléon aurait vu un chat noir installé près de sa tente. L'Empereur aurait interprété cette vision comme un funeste présage… La bataille ayant été remportée par les Anglais, le chat noir serait donc devenu symbole de chance de l'autre côté de la Manche mais aussi un signe de malheur à venir en France.

D'OÙ VIENT L'IDÉE QU'UN FER À CHEVAL PORTE BONHEUR ?

On peut le voir régulièrement accroché à la porte de certaines maisons dans nos campagnes mais aussi de manière plus symbolique sous la forme d'un bijou ou d'un porte-clefs. Avec le trèfle à quatre feuilles, le fer à cheval est devenu aujourd'hui l'un des symboles de la chance et s'affiche un peu partout sur les billets de loterie mais aussi dans les SMS sous la forme d'un émoji internationalement reconnu.

UNE HISTOIRE PAS SI LOINTAINE…

On peut lire dans certains ouvrages que le fer à cheval est considéré comme un porte-bonheur depuis l'Antiquité… Or, les Grecs tout comme les Romains ne ferraient pas leurs chevaux. Il est néanmoins avéré que les Romains utilisaient bien occasionnellement ce qu'on appelle des « hipposandales », mais ces dernières n'avaient pas grand-chose en commun avec la forme du fer classique tel qu'on le connaît de nos jours.

L'utilisation du fer à cheval en forme de « C » ne se développera véritablement en Europe qu'à partir du XVIe siècle. C'est donc à partir de cette époque qu'il faut commencer l'enquête.

C du fer

Il faut d'abord noter que le fer, en tant que métal, était considéré – depuis fort longtemps – comme possédant des vertus magiques. Les croyances populaires (notamment en Europe) accordaient au fer le pouvoir de protéger son propriétaire contre les mauvaises influences et contre les malheurs.

Certains auteurs ont également relevé qu'au Moyen Âge, la forme du fer était aussi symbolique pour les chrétiens. Pour ces derniers, elle représentait la lettre « C », première lettre de « Christ ». On peut tout de même s'interroger sur cette interprétation, considérant le très fort taux d'illettrisme des paysans du Moyen Âge, pour qui la lettre « C » ne devait pas signifier grand-chose…

Ce qui paraît plus certain, c'est que les fers des chevaux se détachaient régulièrement des sabots. On en retrouvait donc occasionnellement sur les chemins de tous les pays. Une trouvaille de ce type devait – très probablement – être considérée comme une chance par la personne qui la ramassait. Le fer pouvant être très facilement revendu, fondu ou même être utilisé pour équiper un nouvel animal.

Une chance, c'est certain. Mais cela n'en a pas fait un porte-bonheur pour autant.

Le ministre anglais Baldwin reçoit un fer à cheval porte-bonheur

Source : BNF

Il existe très probablement des croyances, des légendes qui ont donné à ce simple morceau de fer une aura magique et protectrice.

La légende fondatrice ?

En faisant des recherches dans la littérature, on constate assez rapidement qu'il en existe de très nombreuses à travers toutes les régions d'Europe mais aussi d'Amérique du Nord. L'une des plus citées est celle de saint Dunstan dont il existe plusieurs variantes. Le journal *Le Jockey*, spécialisé dans le milieu hippique, en donnait une version dans son numéro de novembre 1937 :

« Au xe siècle vivait dans une bourgade du Wessex un saint homme, nommé Dunstan, au demeurant fort expert en l'art de travailler les métaux. Un soir, Dunstan vit entrer dans son atelier un visiteur de mauvaise mine qu'il n'eut guère de peine à identifier : c'était Satan !

Celui-ci, en quête de quelque méchant tour sans doute, tendit brusquement au forgeron son pied fourchu, lui demandant s'il ne voudrait y apposer un fer. Dunstan y consentit ; au préalable, il prit soin d'attacher le démon à un anneau fixé au mur et mit ses fers au feu. Il avait son idée.

Et, de fait, il n'épargna à son indésirable client ni brûlures au fer rouge, ni coups de marteaux malencontreux, ni piqûres douloureuses. En fin de compte, Satan demanda grâce.

– D'accord, répondit Dunstan, mais point avant que tu n'aies pris l'engagement de ne jamais pénétrer, à l'avenir, dans toute demeure se réclamant du fer à cheval.

Force fut à Satan d'y consentir. Telle est la légende de saint Dunstan. Satan a-t-il tenu parole ? Sans doute, puisque, depuis des siècles et des siècles, s'est développée et modernisée la croyance en la vertu du fer à cheval[31]. »

L'auteur conclut son article en précisant que le célèbre amiral Nelson en avait d'ailleurs fait clouer un au grand mât de son vaisseau amiral *The Victory*.

De la bonne utilisation du fer à cheval

Aujourd'hui, les amateurs d'ésotérisme ne manquent pas de recommandations pour utiliser au mieux les vertus « protectrices » du fer à cheval.

Si l'objet est censé repousser les mauvaises influences et les personnes malveillantes, il favoriserait également les rentrées d'argent, les promotions, l'évolution des personnes et des projets en général. Au Royaume-Uni, on lui prête le pouvoir d'éviter les cauchemars et enfin aux États-Unis, le fer à cheval aurait la capacité de chasser les fantômes du domicile familial.

31. *Le Jockey*, 19 novembre 1937, p.2 – Article repris dans le journal *Paris-midi* le 21 novembre 1937, p.1.

Dernières précisions importantes pour les plus superstitieux d'entre vous : Si vous souhaitez accrocher un fer à cheval dans votre maison, positionnez-le sur la porte d'entrée, les fourches orientées vers le haut afin que la chance reste à l'intérieur de votre domicile. Désormais vous devriez être à l'abri de pas mal de problèmes mais aussi du diable. Tout du moins tant que vous ne sortez pas…

Depuis quand évoque-t-on des êtres extraterrestres ?

Les exoplanètes, une possible vie, voire une intelligence extraterrestre, ces thèses nous semblent relativement modernes et peu d'entre nous imaginent que ces sujets étaient déjà abordés il y plus de deux mille sept cents ans !

Il est vrai que pour un bon nombre d'entre nous, lorsque l'on aborde le sujet des extraterrestres et de leur évolution dans notre culture, ce sont rapidement des images caricaturales de soucoupes volantes des films des années 1960 et de petits bonhommes verts ornant les couvertures de B.D. américaines des années 1950 qui nous viennent tout de suite à l'esprit.

De la science-fiction chez les Athéniens

Or, il faut remonter à l'Antiquité grecque pour trouver les premières mentions d'extraterrestres ou plutôt d'exoplanètes ! Plus de deux mille cinq cents ans avant la découverte officielle d'une exoplanète par la science moderne en 1995, certains philosophes grecs avançaient en effet l'idée qu'il existait très probablement une infinité de planètes dans l'univers et que certaines d'entre elles étaient peut-être peuplées par des êtres intelligents. Bien entendu, la question restait à cette époque plus philosophique que scientifique.

Les premiers extraterrestres dans la littérature

La toute première mention évidente « d'extraterrestres » dans une œuvre littéraire se trouve dans un ouvrage daté du Ier siècle av J.-C.

Son auteur, Lucrèce, un éminent poète philosophe romain, nous livre un texte d'une extraordinaire modernité :

« *Aussi, je le répète encore, il te faut avouer qu'il existe ailleurs d'autres groupes de matière analogues à ce qu'est notre monde que, dans une étreinte jalouse, l'éther tient enlacé.*

Du reste, quand la matière est prête en abondance, quand le lieu est à portée, que nulle chose, nulle raison ne s'y oppose, il est évident que les choses doivent prendre forme et arriver à leur terme.

Et si maintenant les éléments sont en telle quantité que toute la vie des êtres vivants ne suffirait pas pour les dénombrer ; si la même force, la même nature subsistent pour pouvoir rassembler en tous lieux ces éléments dans le même ordre qu'ils ont été rassemblés sur notre monde, il te faut avouer qu'il y a dans d'autres régions de l'espace d'autres terres que la nôtre et des races d'hommes différentes et d'autres espèces sauvages[32]. »

Alors que la technologie de l'époque ne permettait l'étude du ciel nocturne qu'à l'œil nu, sans outil mathématique moderne et sans aucunes données scientifiques ou astronomiques, Lucrèce avait déjà imaginé avec une poésie extraordinaire que la matière pouvait se structurer dans le vide de l'espace pour donner naissance à des planètes. Des planètes qui, dans certaines conditions propices, pouvaient elles-mêmes accueillir la vie et le développement d'être vivants qualifiés de « races d'hommes » mais différents de nous.

Un concept proche de nos théories scientifiques sur la possibilité d'existence de civilisations extraterrestres, que l'on retrouvera plus de mille cinq cents ans plus tard dans les écrits du théologien italien Giordano Bruno… Ce dernier, considéré comme hérétique par l'Église, sera livré aux flammes du bûcher en janvier 1600 à Rome.

32. Lucrèce, *De rerum natura*.

Les sourciers peuvent-ils trouver de l'eau avec de simples baguettes ?

On les appelle radiesthésistes ou sourciers. Des hommes et de femmes qui affirment être capables de localiser précisément sur le terrain des sources ou des rivières souterraines à l'aide d'un simple pendule ou d'une baguette en bois… Alors, don surnaturel ou simple hasard ?
Depuis plusieurs décennies, la science a tenté de comprendre et surtout de mettre à l'épreuve des sourciers pour analyser leurs résultats.

Des résultats qui tombent à l'eau…

Des expériences furent menées depuis les années 1900 et jusqu'à nos jours sur le terrain notamment en France, en Australie, en Allemagne ou au Royaume-Uni.

Le protocole est souvent simple et similaire pour chacune de ces expériences. Il consiste à regrouper sur un même site quelques dizaines de « sourciers » : les organisateurs ayant enfoui sur un vaste terrain un tuyau rempli d'eau, des objets en métal ou de simples bouteilles en verre contenant de l'eau. L'objectif étant bien entendu pour les sourciers de localiser précisément l'eau ou les objets enfouis. Somme toute, l'idée était de mesurer les résultats obtenus et de les comparer statistiquement.

Les conclusions de toutes ces expériences réalisées dans un cadre scientifique furent sans appel : aucun des sourciers n'a pu obtenir un résultat « *significativement supérieur au hasard* ».

Signalons tout de même qu'une grande partie de ces expériences furent réalisées à la demande et souvent sous le contrôle de personnes ultrasceptiques ou faisant parti de cercles zététiques[33]. Ces derniers affichent souvent l'ambition de « démystifier » certains phénomènes dits « paranormaux » et sont donc considérés par les « croyants » comme « non objectifs » dans leurs démarches.

Cependant, et jusqu'à preuve du contraire, la science reste à ce jour catégorique sur le fait que les sourciers ne disposent d'aucune faculté particulière pour localiser un objet ou un point d'eau dans le sol.

33. D'après le dictionnaire Larousse édition 2018, Zététique : Méthode philosophique qui consiste à rechercher la solution d'un problème en le supposant résolu et en remontant de cette solution jusqu'aux termes initiaux en vérifiant le bien-fondé de chaque étape.

Un curé avec son pendule lors d'un rassemblement de radiesthésistes en 1922

Source : Gallica

Des croyants convaincus

Pourtant, nombreux sont celles et ceux d'entre nous qui ont pu constater sur le terrain les résultats souvent surprenants obtenus par un sourcier ou un radiesthésiste.

Certaines entreprises privées dans le milieu du bâtiment et des travaux publics, des architectes ou de simples particuliers font toujours appel à des sourciers pour diverses missions, et force est de constater que rares sont ceux qui affichent leur déception à la suite du travail d'un radiesthésiste sur le terrain.

Le grand physicien et les sourciers

L'éminent physicien Yves Rocard (l'un des pères de la bombe atomique française) s'est intéressé, dès la fin des années 1950, aux pouvoirs des sourciers et fut convaincu de la réalité du phénomène. À tel point qu'en mai 1963, à la suite d'une interview donnée par le Pr Rocard, le magazine *Science & Vie* titrait « La radiesthésie est vraie ! ». Voici d'ailleurs un extrait de l'introduction de cet article rédigé à l'époque par Charles-Grégoire Maubert :

« Dans notre numéro 460 de janvier 1956, nous avons publié une grande enquête sur la radiesthésie. À cette époque nous pouvions écrire, d'accord avec tous les savants qui avaient étudié le phénomène : "La radiesthésie n'existe pas : devient-elle scientifique, elle disparaît". Mais il arrive que la science progresse par coups de théâtre. Un des plus éminents physiciens français,

Yves Rocard, professeur à la faculté des Sciences de Paris, directeur du laboratoire de physique de l'École Normale Supérieure, a repris le problème à zéro. Et sa conclusion est formelle. Oui, la radiesthésie est vraie. Ou du moins il y a quelque chose. Une réalité physique précise, explicable, mesurable, qui permet à la radiesthésie désormais de se ranger sur le front haut parmi les disciplines sérieuses. Fidèles à notre souci de rigueur scientifique, nous sommes heureux d'être les premiers à informer nos lecteurs de cette découverte sensationnelle, qui renverse tout ce que l'on croyait acquis[34]. »

Cette « découverte sensationnelle » fut rapidement contestée par un grand nombre de scientifiques et les expériences d'Yves Rocard furent réitérées avec des méthodes indiscutables. Les résultats ont alors démontré qu'il n'existait aucune preuve scientifique d'un « pouvoir magnétique » chez les radiesthésistes.

Jusqu'à sa mort, le Pr Rocard soutiendra qu'il existe bien de faibles valeurs magnétiques notamment dans l'eau en mouvement. Ce « biomagnétisme », les sourciers seraient capables de le ressentir.

Reste qu'à ce jour, pas une seule étude scientifique crédible n'a pu apporter la preuve indiscutable de cette théorie.

Les sourciers et les radiesthésistes restent donc classés dans la catégorie « paranormal », mais gardent encore de nombreux et ardents défenseurs dont votre serviteur.

---

34. *Sciences & Vie* N°548.

Pourquoi l'ail est-il censé éloigner les vampires ?

Dans la traque ou la protection contre les mythiques vampires, nombre de romans, d'essais ou de films tentent de nous apporter la solution miracle pour se débarrasser de ces êtres « maléfiques ».
L'ail ferait en effet partie – avec le pieu ou l'eau bénite – des plus puissantes « armes » pour lutter contre les vampires.

Fleurs ou gousses ?

Si, pour certains auteurs, ce sont les fleurs d'ail qu'il faut utiliser pour repousser un vampire, pour d'autres mieux vaudrait utiliser directement les gousses, voir une mixture d'ail finement écrasé.

Pour la médecine, l'ail contient en grande quantité de l'allicine. Une molécule qui possède des propriétés notoires notamment antibactériennes, anti-inflammatoires et antifongiques.

Mais rien de bien efficace contre un vampire, si ce n'est peut-être, pour éviter qu'une vilaine morsure ne s'infecte trop vite...

Une protection efficace contre....

La réponse à notre question viendrait de traditions ancestrales qui consistaient à se nourrir d'ail cru pour s'offrir une protection naturelle contre les moustiques. L'odeur émanant au bout de quelques heures de notre corps repoussant efficacement les moustiques mais aussi les mouches. Le système fonctionnait également pour les maisons, où quelques gousses d'ails macérant dans un petit bol d'eau chaude suffisaient à créer une protection efficace contre les moustiques.

De l'ail contre des nuisibles volants la nuit... Il n'en fallait pas plus pour appliquer la recette aux vampires.

Combien compte-t-on de prêtres exorcistes catholiques dans le monde ?

Enfin une question à laquelle on pourrait – presque – répondre assez rapidement mais dont la réponse, une nouvelle fois, peut surprendre. En effet, depuis le 13 juin 2014, une association italienne a été officiellement reconnue par le Vatican.

Cette association privée, c'est l'AIE : *L'Association internationale des exorcistes*. Un organisme créer en 1990 par le père Chenesseau et le père Amorth.

Tous deux officiaient à Rome en tant qu'exorcistes.

Soulignons au passage que ces deux prêtres sont français et que le père René Chenesseau est l'auteur d'un ouvrage passionnant intitulé *Journal d'un prêtre exorciste* sorti en janvier 2007.

En 2020, en France, on comptait officiellement 104 prêtres exorcistes en activité. Chacun d'entre eux étant censé être un spécialiste du rituel d'exorcisme validé par l'Église de Rome.

Ce nombre de 104 correspond en réalité au nombre de diocèses sur le territoire français. Dans les faits – c'est en tout cas ce que j'ai pu constater – seul un faible pourcentage de prêtres pratiquent réellement l'exorcisme dans l'Hexagone. Leur nombre se limiterait en réalité à une dizaine tout au plus. Précisons également – c'est important – que le rituel d'exorcisme dans ce cadre est totalement gratuit.

Dans le monde, toujours d'après l'AIE, on compterait environ 300 prêtres exorcistes formés selon le rite très précis instauré et validé par le Vatican.

La réponse semble donc claire et l'on pourrait clore le dossier.

Cependant il faut aussi compter avec les prêtres, les évangélistes ou les pasteurs des différentes Églises : orthodoxes, protestantes et toutes les Églises évangéliques disséminées sur tous les continents qui, elles aussi, comptent dans leurs rangs des exorcistes.

C'est là qu'il devient difficile, voire impossible de répondre précisément à la question du nombre d'exorcistes dans le monde.

D'autant que la plupart des exorcistes que vous trouverez aisément référencés sur internet ne sont pas vraiment « adoubés » par l'Église.

La plupart se sont en effet autoproclamés « exorcistes », ont créé de toutes pièces leur propre « Église » et se font grassement payer la moindre intervention « divine ».

Le démon se cache souvent là où l'on ne l'attend pas…

GOYA – Saint François de Borgia et le moribond impénitent – 1788

Source : Gallica

A-t-on réussi à photographier des rêves ?

Capturer des images de notre pensée, obtenir des photographies de nos rêves ? un défi qu'il semble impossible à relever. Et pourtant, on trouve dans l'Histoire la trace de curieuses expériences qui furent menées en France et aux États-Unis. Des expériences qui laisseraient croire que des images issues de notre esprit ont bien été capturées.

Le médecin et le spirite

À la fin du XIXe siècle en France, l'idée de pouvoir « photographier » nos rêves ou nos pensées avait germé dans l'esprit de deux personnages : Le médecin Hippolyte Baraduc et le spirite convaincu Louis Darget. D'après eux, il était tout à fait concevable de prouver scientifiquement l'existence de forces inconnues.

Leur théorie se basait sur l'existence d'un « fluide énergétique » qui émanerait du corps humain, une sorte de radiation cérébrale qu'il serait possible de rendre visible par le biais de la photographie, une technologie qui se développait largement à cette époque.

Une invention étrange

Les deux compères étaient si convaincus par cette idée qu'ils se lancèrent dans la construction d'un appareil qu'ils dénommèrent *Le radiographe portatif*.

L'engin était assez rudimentaire. Il s'agissait en effet d'une sorte de serre-tête sur lequel était installé une plaque photographique.

Durant l'expérience, la plaque était positionnée sur le front du sujet expérimentateur. L'idée étant « d'impressionner » la plaque non pas par la lumière, mais par l'énergie des pensées.

En 1895, Louis Darget va alors demander à sa propre femme de tenter l'expérience. Celle-ci sera équipée du fameux « radiographe » et plongée dans un demi-sommeil durant quelques heures.

Le rêve de l'aigle

Darget développera rapidement les plaques ayant servi à l'expérience. Les « clichés » auraient dû laisser apparaître une surface totalement noire ou blanche. Or, on pouvait nettement distinguer des formes étranges, vaporeuses et relativement floues.

Le rêve de l'aigle, 1895

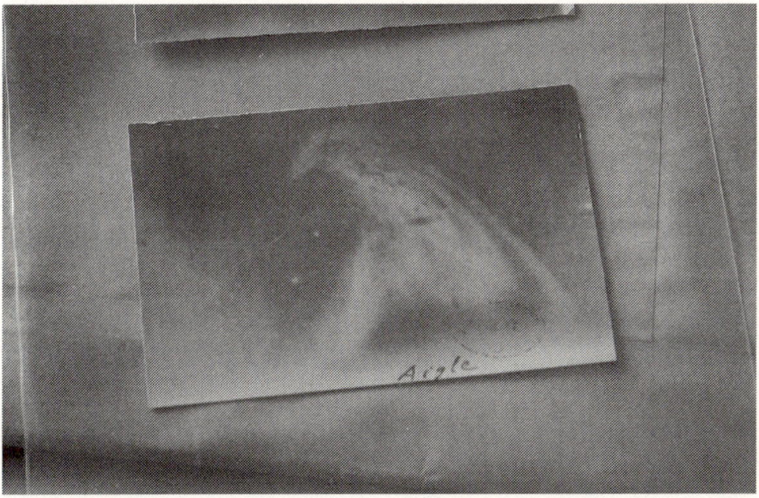

Source : Archives de l'Institut / Photographie : © David Galley

Sur l'un des clichés, une forme semblait même s'apparenter à un aigle. Pour Louis Darget, le doute n'était plus permis. Il venait de réussir à obtenir pour la première fois au monde une image directe issue du psychisme humain.

Fort de ce succès, les expériences allaient donc se poursuivre pendant plusieurs mois avec des résultats qui seront, du point de vue de Darget et Baraduc, très concluants.

Le rêve oublié

Si concluants à leurs yeux, qu'ils iront jusqu'à porter le résultat de leurs travaux devant les représentants de l'Académie des sciences de Paris. On ne peut d'ailleurs pas dire que l'élite scientifique de l'époque porta un vif intérêt à leurs expériences sur les « photographies psychiques ».

Cependant, il faut noter qu'à cette période, une révolution technologique avait bouleversé les consciences : Les rayons x. Ce procédé qui fascinait les foules permettait en effet de « voir » à travers le corps humain. Alors, enregistrer les rêves ou les pensées par le biais de la technologie n'était pas forcément considéré à cette époque comme totalement loufoque.

L'Académie des sciences ne donnera jamais véritablement de suite aux demandes du Dr Baraduc et de Louis Darget. Cependant, leurs dossiers et les fameuses photographies des rêves seront conservés dans les archives de la vénérable institution. Elles y figurent d'ailleurs toujours comme j'ai pu le constater à l'occasion du tournage d'un reportage avec l'auteur Philippe Baudouin qui m'avait permis de découvrir cette incroyable histoire.

Les expériences extraordinaires de ces deux Français tombèrent au fil des années dans l'oubli, tout du moins en France.

Le Polaroid et le médium

Dans les années 1960, de nouvelles expériences du même genre furent menées avec le médium Théodore Judd Serios plus connu sous le nom de Ted Serios.

À partir de 1964 et durant près de deux ans, Ted Serios et le psychiatre Jule Eisenbud vont se lancer dans une série d'expériences en utilisant cette fois des appareils photographiques à développement instantané de type « Polaroid ».

Souvent très alcoolisé, le médium se concentrait sur l'appareil photo durant des heures. Des milliers de clichés ressortirent totalement noirs ou flous. Cependant, quelques-uns étaient très différents et étonnamment précis.

On pouvait en effet y voir nettement des monuments comme le Parthénon, des rues, des voitures, des personnes ou des objets relativement reconnaissables.

Comment le médium avait-il pu « imprimer » des photographies de lieux très éloignés alors qu'il se trouvait dans une petite pièce surveillée par le psychiatre Jule Eisenbud ?

Un mystère ?

Les résultats, une fois connus, paraîtront si surprenants qu'ils engendreront aux États-Unis toute une série de contre-expertises. Les conclusions de ces études dévoileront qu'il n'était pas possible de mettre en évidence de manière indiscutable une fraude.

Cependant, de nombreux illusionnistes à travers tout le pays alerteront sur une très probable supercherie en en faisant d'ailleurs des démonstrations plus que probantes.

Alors habile manipulation ? À mon sens, très certainement. Mais nous n'en aurons jamais le cœur net, car Ted Serios est mort le 30 décembre 2006 en emportant son secret dans la tombe.

Gardons nos rêves enfouis

Aujourd'hui, à ma connaissance, on ne référence plus aucune expérience du même type dans le monde. Cependant, il faut tout de même noter que l'imagerie médicale progresse à grand pas. Il n'est donc pas exclu que l'on puisse un jour réussir à « enregistrer » nos rêves ou nos pensées. Une idée peu réjouissante qui mettrait très probablement fin au peu d'intimité qu'il nous reste dans ce monde ultraconnecté.

Le Parthénon sur l'un des clichés obtenus par Ted Serios

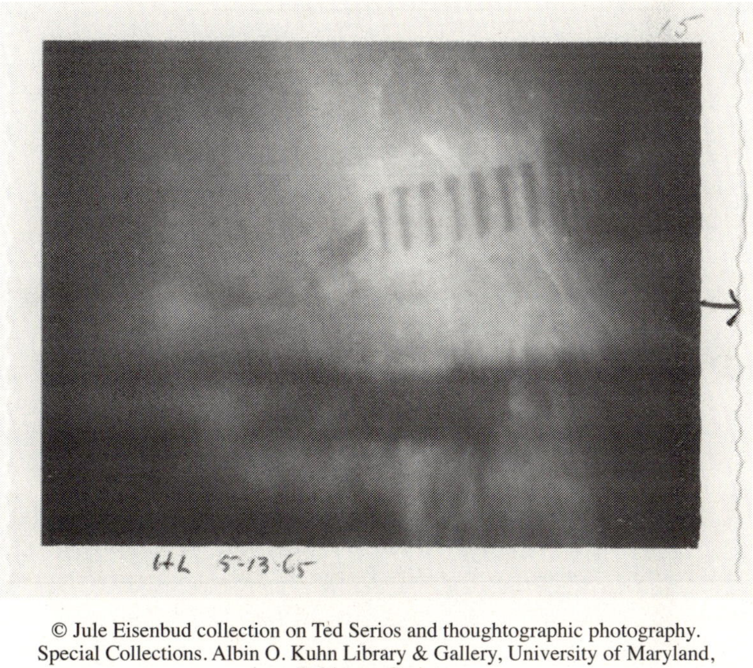

Qu'est-ce que l'effet Kirlian ?

Vous avez déjà peut-être vu un jour l'une de ces étranges photographies figurant une main, une feuille d'arbuste ou une fleur autour desquelles apparaît un étrange halo lumineux d'un mauve bleuté. Ces photographies dites « Kirlian » sont devenues très populaires à partir du début des années 1970 grâce notamment à un ouvrage signé par Sheila Ostrander et Lynn Schroeder paru en France sous le titre Fantastiques recherches parapsychiques en U.R.S.S[35].

Le chapitre XVI

Dans ce livre, on trouve au chapitre 16 une enquête intitulée *L'effet Kirlian : peut-on photographier l'aura ?*

Les deux Américaines y dévoilent, pour la première fois, des expériences menées en Union Soviétique à la fin des années 1930. Des expériences qui consistaient à « injecter » un puissant courant

35. Paru aux États-Unis en 1970 sous le titre *Psychic Discoveries*.

électrique sur ou autour d'un objet, d'un être vivant ou d'une plante, et d'en prendre une photographie.

Sur chacun des clichés apparaissait alors une sorte de halo lumineux plus ou moins puissant selon le type de sujet exposé. Les auteurs de cette enquête en conclurent que les photographies dévoilaient « l'aura » des êtres vivants mais aussi, et cela peut sembler paradoxal, des objets inanimés.

Les deux journalistes américaines n'ont – presque – rien inventé. L'origine des faits est attestée historiquement.

La véritable histoire

Tout avait commencé dans l'atelier d'un électricien arménien en 1938. Ce personnage dénommé Sémion Kirlian allait effectivement faire, sans le vouloir, une étrange expérience comme le relate le journaliste scientifique Michel Rouzé dans l'introduction d'un article publié dans le magazine *SPS* en novembre 1994 :

« *Sémion Kirlian, qui réparait un appareil d'électricité médicale, voit jaillir des étincelles entre sa main et une électrode enrobée de verre. Intéressé par le phénomène, il a l'idée de le photographier. Le premier essai se solde par quelques brûlures, mais donne une image surprenante : la main apparaît entourée d'une frange lumineuse. Avec sa femme Valentina, Kirlian perfectionne sa technique et se livre à une série d'expériences sur des objets vivants ou inanimés. Il arrive à la conclusion que son procédé peut être utilisé pour diagnostiquer des maladies ou étudier les propriétés électriques et physiologiques d'organismes*

Effet Kirlian sur une feuille

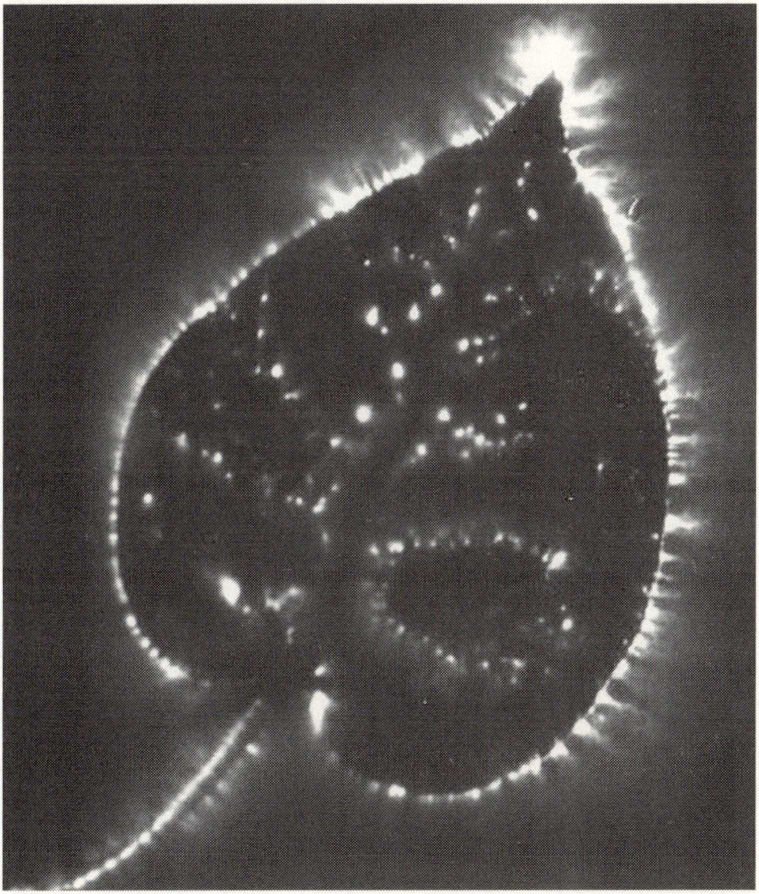

© Wiki Commons

vivants. L'Académie des sciences d'U.R.S.S s'intéresse à ses travaux. Un article, traduit aux États-Unis *par l'U.S. Air Force, reste inaperçu jusqu'à ce qu'en 1970 deux journalistes américaines présentent la technique de Kirlian comme révélant une aura. Un champ bioénergétique humain dont l'existence serait liée aux phénomènes parapsychologiques*[36]. »

Une conclusion revisitée...

C'est cette conclusion, inventée ou tout du moins « interprétée » par Sheila Ostrander et Lynn Schroeder qui amena des centaines de personnes à reproduire la même expérience, persuadés de voir à travers ces images une partie de notre âme ou de l'esprit qui habite chaque être vivant. L'engouement fut tel qu'aux États-Unis, certains industriels avaient développé et mis en vente des « kits Kirlian ». Un petit appareil qui permettait à tout un chacun de visualiser son « aura » en posant simplement son doigt sur une petite plaque de verre.

Un effet électrique commun

Dès 1972, les scientifiques ont pu facilement démontrer que, dans la plupart des cas, c'est l'effet « corona » qui provoquait les fameux halos visibles sur les photographies dites « Kirlian ».

Sans rentrer dans les détails, sachez simplement que l'effet « corona » est étudié et connu depuis le milieu des années 1910.

36. *SPS* n° 212, novembre-décembre 1994 – Par Ronan Loaëc, avec une introduction de Michel Rouzé.

Effet « corona » sur les antennes radio situées en haut de la tour Eiffel en 1914

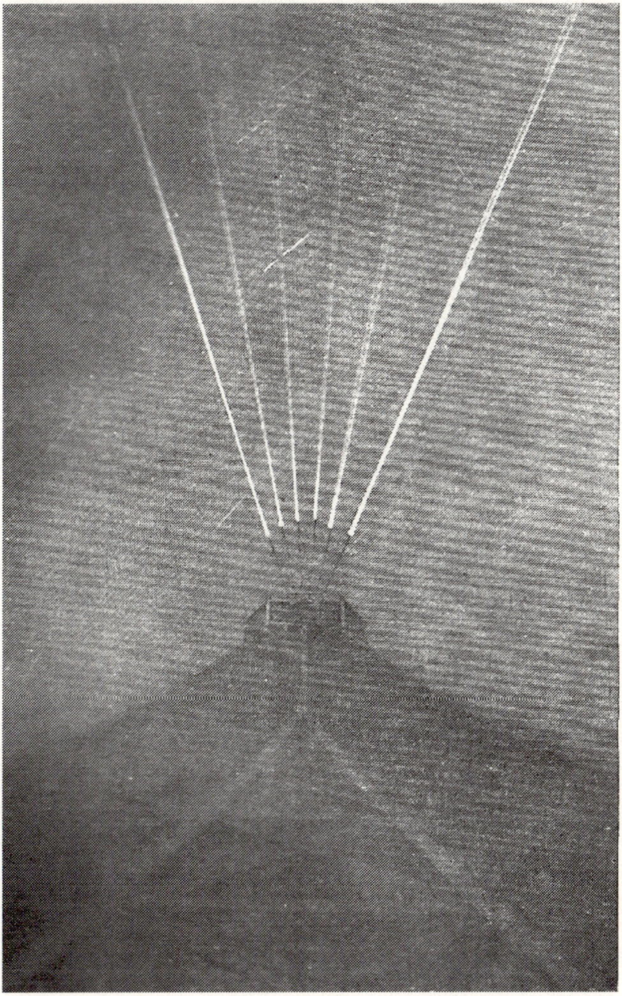

Il n'est donc pas question « d'aura » mais plutôt d'un phénomène de couronne électrique ayant la particularité d'ioniser l'air ou des surfaces diverses et impliquant plusieurs facteurs comme la puissance électrique, la qualité du verre, le taux d'humidité de l'objet ou de l'organisme étudié.

L'aura semble donc toujours invisible au commun des mortels. Mais rien n'interdit d'imaginer qu'une future invention technologique permettra un jour d'établir la preuve de son existence.

Quel est le château le plus hanté de France ?

Il existe un bon nombre de maisons, châteaux, manoirs ou même phares et moulins qui s'attribuent le titre de « Lieu le plus hanté de France ». On pourrait d'ailleurs aisément imaginer un programme TV basé sur ce concept. Reste qu'à ce jour, une simple recherche sur Google nous amène directement au château de Fougeret, situé à Queaux dans le département de la Vienne. Il faut dire que l'endroit affiche, d'après ses propriétaires actuels, l'inventaire complet des phénomènes les plus étranges. Et la liste est particulièrement longue comme nous allons le voir.

L'histoire

Si le lieu est historiquement mentionné dès le XIVe siècle, le château ne ressemblait alors en rien à ce qu'il est aujourd'hui. Ce dernier a d'ailleurs connu plusieurs modifications architecturales importantes, notamment à la fin du XVe siècle et au milieu du XIXe siècle.

Les premiers phénomènes

Depuis le rachat du château en 2009 par Véronique et François Geoffroy, de nombreux phénomènes dits « paranormaux » ont été relevés.

Tout aurait débuté durant l'été 2009. À cette époque, la famille Geoffroy, entourée de quelques amis, s'affairait à la rénovation du château récemment acquis. Au fil des jours et des travaux, un bon nombre d'entre eux furent témoins de bruits étranges. Des bruits de pas dans les couloirs ou les chambres, des silhouettes apparaissant fugacement ou encore une mystérieuse sensation de vent glacé perceptible à des endroits précis du château sans qu'il soit possible de l'expliquer naturellement.

Cependant, durant les premiers jours, aucun d'entre eux n'osa rapporter aux autres ce qu'il avait ressenti, entendu ou même vu. Ce n'est qu'à la fin des travaux que les langues se délièrent et que tous purent prendre conscience qu'ils n'étaient pas les seuls à avoir été témoins de « choses bizarres ».

Au fil des mois, les phénomènes se multiplièrent. Bruits de coups de feu dans une chambre, tableaux qui se décrochaient « mystérieusement » des murs... Certains entendaient clairement des rires d'enfant ou des « galopades » dans les couloirs. On observait aussi des silhouettes vaporeuses, notamment au premier étage. Plus angoissant encore, certains visiteurs se sentaient comme « poussés » vers l'avant par une force invisible alors qu'ils descendaient à la cave pendant que d'autres qui passaient la nuit sur place se sentaient « tirés par les pieds » au moment de s'endormir…

Les temps médiatiques

À cette époque, la presse n'était pas encore informée de la présence de ces phénomènes de hantise dans le château. Mais très vite, les journalistes locaux eurent vent de ces histoires et un premier article fut publié. Et comme souvent – le sujet passionnant les foules – l'affaire fut reprise par de très nombreux médias français et internationaux. En quelques mois, le château de Fougeret était devenu le centre d'intérêt de tous les passionnés de « paranormal ».

Voici d'ailleurs l'un des articles parus en 2012 dans le journal *VSD* :

« *[…] Grand salon du château, 4 heures du matin. Ça mouline dans ma tête. Je me tourne et retourne dans mon sac de couchage, le visage enfoui jusqu'aux oreilles, espérant choper le train du marchand de sable. C'est un somnifère que j'aurais dû emporter, pas une lampe de poche dynamo. L'estomac en tire-bouchon, le palpitant qui cogne à tout rompre, recroquevillée en chien de fusil, j'ai l'impression qu'on nous observe. Des chuchotements. Ils se rapprochent. Et s'arrêtent. Ça recommence. Et encore. Je rêve ou quoi ? Pourquoi ne s'est-on pas barrés ? […] Un souffle glacial, de temps à autre, affole mon électrocardiogramme.*

Je crois qu'on va y passer. Et puis le jour finit par se lever. Les ouvriers arrivent. Nous sommes sauvés. De ma vie, je ne remettrai plus les pieds dans un château hanté[37]. »

Après ce genre d'article, inutile de préciser que les propriétaires furent très vite débordés par les nombreuses demandes émanant notamment des « chasseurs de fantômes ». C'est à partir de cette époque que Véronique et François eurent l'idée de louer le château ou plutôt des chambres sans aucun véritable confort (pas de chauffage, pas de salle de bains, ni de toilettes dans le château).

Certains y ont vu là un véritable business. Or, il faut savoir que les chambres ne se louaient que dans une période restreinte – d'avril à octobre – et pour des sommes très modiques (30 € petit déjeuner compris). Difficile d'imaginer que les propriétaires s'enrichissaient avec ce modèle économique. D'autant plus que la très grande partie de ces gains partaient directement dans les travaux de restauration du lieu.

Des témoignages troublants

Ce qui est impressionnant, c'est que la majorité des personnes ayant passé une nuit dans le château de Fougeret affirment avoir ressenti des phénomènes étranges. J'en ai d'ailleurs fait personnellement l'expérience[38].

---

37. Julie Gardett, *J'ai passé une nuit dans un château hanté*, *VSD* N°1808 du 18 au 24 avril 2012
38. Un bruit de pas lourd et inexplicable au premier étage m'avait fait prendre la poudre d'escampette en pleine nuit.

Château de Fougeret

Cave du château de Fougeret en 2015

En voici une liste non exhaustive :

- Chuchotements incompréhensibles et pas localisables ;
- Voix, chants, respirations fortes ou rires d'enfant ou de bébé ;
- Coup de feu (plusieurs enregistrements ont été faits) ;
- Tableau qui se détache d'un mur ;
- Bruit de pas, d'enfants qui courent au premier étage ;
- Silhouette noire (comme de la fumée de caoutchouc), dense mais un peu transparente, qui se glisse dans certaines pièces et couloirs ;
- Silhouette blanche fantomatique ;
- Visages qui apparaissent sur les reflets des fenêtres ou des miroirs ;
- Sensation oppressante d'être observé ;
- Sensation d'être touché (cheveux notamment) ou sensation que quelqu'un s'assoit sur vos pieds lorsque vous êtes allongé dans un lit ;
- Courant d'air glacial dans certaines pièces ;
- Canapé ou fauteuil dont le coussin s'affaisse sans que personne ne soit assis dessus ;
- Coups forts et répétés à la cave et au grenier.

LES SCEPTIQUES SONT LÀ

De nombreux sceptiques ont eux aussi investi les lieux à de nombreuses reprises. Si certains bruits ont été imputés à des animaux nocturnes ou au travail naturel du bois de construction, une grande partie des phénomènes restent à leurs yeux difficilement explicables. Les plus suspicieux des visiteurs ont avancé l'idée que les propriétaires seraient eux-mêmes à l'origine des phénomènes et donc les créateurs d'une grande supercherie. Ils expliquent notamment qu'il est possible d'utiliser un certain type de matériel contrôlable à distance (pour provoquer des bruits par exemple) ou des techniques d'illusionnistes. Or, à ma connaissance, malgré la venue de magiciens professionnels à Fougeret, pas un seul n'a pu déceler la moindre trace de matériel ou d'effets artificiels installés sur place.

And the winner is...

Si l'on peut relever des phénomènes similaires dans bien d'autres endroits en France, rares sont les lieux qui cumulent autant de faits inexpliqués. Voilà pourquoi le château de Fougeret est aujourd'hui, à mon sens, le château le plus hanté de France.

QUELLE EST L'ORIGINE DU MOT « FANTÔME » ?

Cela peut surprendre, et pourtant : l'origine du mot fantôme est intimement liée au mot « fantasme ».

En effet, si l'on remonte aux sources, le fantôme nous vient du grec ionien « Fantagma » qui s'est transformé au fil du temps en « phantasma ». D'après le dictionnaire Gaffiot de 1934, ce mot avait deux significations :

– Être imaginaire, fantôme, spectre
– Idée, représentation par l'imagination

Ces deux définitions ont finalement donné naissance à deux mots distincts dans la langue française : Fantômes et fantasmes. Ce dernier ayant de nos jours une connotation plutôt sexuelle.

Enfin, pour l'anecdote, sachez que fantôme est aussi un mot utilisé couramment dans les bibliothèques. Le fantôme étant – dans ce cadre – une fiche de papier ou de carton sur laquelle figure le nom de l'emprunteur et que l'on dispose à l'emplacement exact d'un livre sorti. La fiche devient donc le fantôme d'un livre disparu censé réapparaître un jour…

Notre prénom aurait-il une influence sur notre destin ?

Emma, Christophe, Norman ou Hélène, tout comme les sons ou les couleurs, nos prénoms influenceraient notre personnalité, voire notre destin. Certains psychologues se sont penchés sur cette question et un grand nombre d'entre eux s'accordent aujourd'hui pour affirmer que notre prénom a bien une incidence sur le développement et le caractère d'une personne.

Napoléon ou Alexandre ?

C'est principalement la première lettre de notre prénom mais aussi les voyelles qui auraient une véritable influence sur notre personnalité.

Un prénom contenant la lettre « A » (que ce soit l'initiale ou la première voyelle) donnerait à une personne des qualités de leader, de chef, de meneur : Napoléon, Alexandre, Arthur, Abraham, Jacques, Karine, etc.

Pour vérifier cette affirmation, je me suis penché sur la liste des prénoms des présidents de la IIIe République en France. Sur 15 présidents, on trouve la lettre « A » en première ou deuxième position des prénoms suivants : Adolphe, Patrice, Napoléon, Sadi, Casimir, Armand, Raymond, Paul, Gaston, Paul, Albert… Soit 11 présidents sur 15. On peut admettre que c'est un bon score même si cela n'a, bien entendu, aucune valeur scientifique.

Quelques voyelles marquantes

Toujours d'après certains auteurs dont Martine Barbault[39], la lettre « E » initiale ou première voyelle d'un prénom définirait une personnalité indépendante, curieuse avec un goût prononcé pour le changement : Éric, Estelle, Eva, Emmanuel…

Le « i » serait le signe d'un caractère ouvert aux autres et d'une grande sensibilité : Isabelle, Inès, Ivan ou Ibrahim…

La voyelle « o » caractériserait une personne espiègle, très attachée à la vie affective et aux rapports familiaux : Olivia, Oualid, Oscar, Ophélie…

Enfin, la lettre « u » serait synonyme de créativité et de communication : Ugo, Urbain, Uranie, Urielle…

39. Auteure du livre *Choisir son prénom, choisir son destin* aux éditions J'ai lu, septembre 2003.

Johnny, Carlos et les autres

Ce qui fonctionne pour les prénoms usuels aurait aussi une grande influence sur les pseudonymes choisis notamment par les personnalités ou les artistes publics (Johnny, Édith, Carlos, Dalida, Prince, etc.).

Notons encore que le choix de prénoms « significatifs » comme Claire, Blanche, Modeste ou Constant permettrait de déceler un souhait profond des parents concernant la future personnalité de leur enfant.

Même si l'influence de nos prénoms sur notre caractère n'est pas avérée à 100 %, il semblerait tout de même qu'on retrouve souvent chez les personnes portant le même prénom des points communs importants dans leur personnalité. Comme un petit air de famille…

Comment expliquer l'existence des dragons dans toutes les cultures ?

Le dragon. Une créature que personne n'a jamais vue et qui est pourtant incroyablement représentée dans les contes, les légendes, la littérature fantastique et aujourd'hui les films et les séries.

L'animal est souvent décrit comme un gigantesque reptile volant. Pourvu de dents monstrueuses, de cornes et de pattes avec de larges griffes, il avait aussi (dans certaines cultures) le pouvoir de cracher du feu. Le dragon se cachait dans des grottes et se reproduisait comme la plupart des reptiles en pondant des œufs « géants ».

Un animal mythique présent dans toutes les cultures

Ce qui peut surprendre, c'est que depuis des siècles, le dragon est présent dans toutes les cultures et sur tous les continents. Que l'on parle de « dragon » en Europe, de « serpent à plume » en Amérique du Sud, de « Tian-Long » dans la tradition chinoise et même de « Aido-Hwedo » dans les histoires tribales africaines, on peut se demander pourquoi et comment des civilisations ou des communautés si différentes, qui étaient pour certaines totalement isolées, ont pu décrire le même genre de serpent volant géant…

Pas de dragons aux pôles ?

Pour répondre à la question, il faut s'intéresser au seul peuple dont le dragon est totalement absent des traditions : les Inuits. Un peuple qui vit encore aujourd'hui sur les terres arctiques, au Canada, au Groenland et en Alaska.

D'après les historiens, si les Inuits n'ont jamais mentionné de dragons dans leurs légendes, c'est tout simplement parce que, vivant principalement sur des terres gelées ou sur la banquise, ils n'ont probablement jamais mis au jour – ou tout du moins eu accès à – des fossiles de dinosaures.

Or, la plupart des autres peuples, partout sur la planète, ont quant à eux eu à faire face un jour à des découvertes qui devaient sérieusement les interpeller. Imaginez : dans une sombre grotte, les traces dans la roche d'os ressemblant à ceux de volatiles ou de reptiles mais d'une taille considérable… Des œufs énormes figés dans la pierre et, à même le sol, les vestiges de dents acérées d'un gabarit jamais vu… Il n'en fallait pas plus pour faire naître dans l'imaginaire de tous ces peuples l'existence d'un monstre, probablement d'apparence reptilienne, ayant le pouvoir de voler et doté d'une mâchoire énorme.

Nos lointains ancêtres n'étaient d'ailleurs pas loin de la vérité quand on voit aujourd'hui une reconstitution de ptérosaure.

Il faut aussi relever que les peurs ancestrales et les mythes liés aux serpents ont ajouté au fil du temps quelques attributs terrifiants à ces monstres volants, notamment le pouvoir de cracher un venin mortel, un liquide inflammable voire directement du feu.

L'énigme des origines du dragon semble donc résolue. Mais cela n'empêchera surement pas la peur de ces terrifiants monstres mythiques de perdurer encore longtemps dans l'esprit des jeunes générations.

Qu'est-ce que la xénoglossie ?

Certes, vous ne connaissez probablement pas le mot « xénoglossie », mais vous avez certainement entendu parler un jour du phénomène.

« Xénoglossie » appartient au vocabulaire médical. Il définit en fait un phénomène par lequel une personne se met soudainement à parler couramment une langue sans l'avoir jamais apprise ou sans la connaître.

Ce phénomène est loin d'être nouveau puisque de nombreux textes en font mention depuis la Haute Antiquité. On retrouve aussi une description assez claire d'un cas de xénoglossie dans la Bible :

« Alors leur apparurent des langues qu'on aurait dites de feu, qui se partageaient, et il s'en posa une sur chacun d'eux. Tous (NDA : Les apôtres) furent remplis d'Esprit Saint : ils se mirent à parler en d'autres langues et chacun s'exprimait selon le don de l'Esprit. Or, il y avait, résidant à Jérusalem, des Juifs religieux, venant de toutes les nations sous le ciel. Lorsque ceux-ci entendirent la voix qui retentissait, ils se rassemblèrent en foule. Ils étaient en pleine confusion parce que chacun d'eux

entendait dans son propre dialecte ceux qui parlaient. Dans la stupéfaction et l'émerveillement, ils disaient : « Ces gens qui parlent ne sont-ils pas tous Galiléens ? Comment se fait-il que chacun de nous les entende dans son propre dialecte, sa langue maternelle[40] *?* »

Un don de Dieu ou la marque du diable ?

Ce phénomène linguistique inexpliqué a eu, durant des siècles, une connotation très religieuse. Parfois décrit comme un « don de Dieu », la xénoglossie était plus fréquemment perçue, notamment au Moyen Âge, comme une provocation ou une démonstration des pouvoirs du diable. Les sorcières étaient souvent accusées de parler ou de chanter dans une langue étrangère lorsqu'elles étaient en état de transe. Je vous conseille au passage de vous plonger dans l'extraordinaire cas dit de « l'énergumène de Nancy[41] ».

Les mystères du cerveau

Aujourd'hui, c'est plutôt la science qui s'intéresse de près à cette extraordinaire faculté que posséderait notre cerveau. Les neurologues étudient régulièrement des cas comme celui de ce jeune Australien, Benjamin McMahon, qui à la suite d'un terrible accident de la route se réveilla à l'hôpital en s'adressant à une infirmière en mandarin ! L'affaire avait fait grand bruit en

40. Livre des Actes des Apôtres (2,1-11).
41. David Galley, *La France Mystérieuse*, éditions de l'Opportun.

Australie à la fin de l'été 2014, à tel point que les journaux et les sites d'informations en ligne du monde entier avait repris l'étonnante information :

« *[…] Le jeune homme de 22 ans se réveille à l'hôpital après un accident de voiture. Quand il ouvre les yeux, il voit une infirmière qui semble être une Asiatique. Il s'adresse à celle-ci en mandarin : "Excusez-moi infirmière, je me sens vraiment mal." Puis, il demande une feuille et écrit quelque chose sur celle-ci : "J'aime ma maman, j'aime mon papa, je vais récupérer." Le texte est écrit en chinois… C'était il y a maintenant deux ans.*

Son nouveau langage a surpris les médecins ainsi que ses parents. Le père raconte à The Project qu'après le réveil de son fils, il a reçu un appel de l'hôpital : "Je vous appelle pour vous dire que Ben s'est réveillé ! Je ne sais pas comment vous dire cela… il parle mandarin."

Le plus surprenant, c'est que personne ne parle mandarin dans la famille. Ben l'a juste appris à l'école mais ne l'a jamais parlé couramment. "Je n'étais pas conscient de parler mandarin", dit Ben. "C'était juste ce qui sortait de ma bouche et ça me semblait naturel."

Il a fallu attendre deux ou trois jours pour que Ben se souvienne de sa langue maternelle, à savoir l'anglais[42]. »

42. Article daté du 3 septembre 2014 tiré du site d'informations Sudinfo.be

Un apprentissage fulgurant

En Europe aussi, on peut régulièrement découvrir des articles de presse faisant état de cas médicaux exceptionnels liés au phénomène de xénoglossie. Je ne résiste pas au plaisir de vous livrer ici l'extrait d'un article paru dans le journal *Le Monde* en 2010 et qui révélait l'aventure étonnante d'une jeune fille en Croatie.

« *Une adolescente croate de 13 ans, hospitalisée à l'hôpital de Split mi-avril, a perdu conscience durant vingt-quatre heures pour se réveiller, en parlant couramment allemand. Ce qui a stupéfié son entourage et l'équipe médicale. La collégienne venait tout juste de débuter l'apprentissage de la langue de Goethe à l'école. Elle cherchait à l'assimiler rapidement en lisant des ouvrages ou en regardant la télévision allemande.*

"Depuis, elle ne communique qu'en allemand et pas en croate même si elle le comprend. Elle répond à toutes les questions dans un allemand trop riche pour une fille de son âge et de son niveau d'instruction", selon plusieurs soignants cités, sous couvert d'anonymat, par le journal croate Slobodna Dalmacija[43]. »

Une résurgence de vies antérieures ?

Alors comment expliquer ce phénomène étonnant ? Pour certains, ces cas de xénoglossie seraient une preuve de l'existence des vies antérieures et donc de la réincarnation. Notre

43. *Une jeune Croate sort du coma en parlant couramment allemand – Le Monde* du 22 avril 2010, article signé Mersiha Nezic.

esprit, dans certaines conditions, « débloquerait » ou enverrait à notre cerveau des expériences ou une partie de la mémoire d'une de nos vies passées.

Pour la science évidemment, la solution à cette énigme ne se trouve pas dans l'au-delà, mais serait à chercher dans le fonctionnement complexe et encore mal compris de notre cerveau.

Un « bug » du cerveau ?

Sans vraiment apporter de réponses définitives, les neurologues postulent que notre inconscient enregistrerait des millions d'informations en permanence. Ces dernières ne seraient jamais vraiment exploitées dans leur intégralité et ne nous apparaîtraient d'ailleurs presque jamais dans un état de conscience « normal ».

Un choc ou un accident vasculaire cérébral pourrait donner exceptionnellement à notre conscience un accès à cette masse d'informations. De cette manière, soudainement, notre cerveau se mettrait à exploiter des données jusque-là méthodiquement ignorées. Le vocabulaire ou l'accent d'une langue étrangère nous apparaîtrait donc tout à fait accessible et exploitable naturellement et immédiatement.

Un espoir fantastique !

Si la plupart des personnes ayant vécu ce phénomène de xénoglossie avaient déjà quelques notions des langues étrangères qu'elles se sont mises à parler, certains cas sont plus difficilement explicables. En effet, comment un Occidental qui n'a jamais voyagé aurait pu se mettre à parler parfaitement la langue d'une tribu amazonienne partagée seulement par quelques milliers d'individus ? Difficile dans ce cas d'évoquer un éventuel apprentissage inconscient…

Alors d'où provient ce don qui permet – en un instant – de parler avec une aisance déconcertante une langue étrangère que l'on n'a jamais étudiée ? À ce jour, personne n'a véritablement la réponse à cette question. Cependant, si la science parvenait un jour à en découvrir les principes et le mécanisme, on peut aussi imaginer que dans le futur, nos facultés d'apprentissage pourraient être considérablement facilitées dans de nombreux domaines.

A-T-ON DÉJÀ GAGNÉ À DES JEUX DE HASARD GRÂCE À UN DON DE VOYANCE OU À DES TECHNIQUES DIVINATOIRES ?

Autant le dire tout de suite, la réponse est un grand « Oui, mais »…
On peut en effet citer des dizaines de cas d'hommes et de femmes ayant remporté de petites fortunes grâce à d'étranges prémonitions, à l'aide de leurs dons de voyance, avec un pendule ou simplement à la suite d'un rêve très particulier…

PAS À TOUS LES COUPS

Mais précisons tout de suite que ces techniques ésotériques ne semblent pas très bien maîtrisées jusqu'à ce jour, puisque aucun de ces heureux gagnants n'a pu réitérer son exploit à l'aide, pourtant, des mêmes outils divinatoires.

Le domaine des jeux de hasards implique depuis fort longtemps une part énorme d'irrationnel et de croyances en tous genres. Superstition, fétichisme, visions, aide des « esprits »…

On parle de grigri, de porte-bonheur, de malchance, de mauvais œil, de prémonitions… Et les archives regorgent bien entendu d'histoires très étonnantes concernant des gains importants, récoltés grâce à une « intervention divine » ou à des conseils étranges et insistants venus troubler les rêves.

Le Petit-Clamart

Le cas de Madame F. de Nancy, que j'avais mentionné dans l'un de mes ouvrages[44], est loin d'être unique. Cette femme, plutôt aisée et qui ne jouait jamais aux jeux de hasard, allait vivre durant l'été 1891 une étonnante expérience. Expérience qu'elle relatera dans un courrier dont voici quelques extraits :

« *Je n'ai jamais parié aux courses ; personne ne m'avait parlé du Grand Prix. Le vendredi soir, en lisant comme d'habitude mon* Figaro, *je lus le nom des chevaux engagés. Pour l'écurie de M. Ed. Blanc : Ermak, Révérend, Clamart ; on parlait des chances de Révérend. Ma lecture terminée, j'éteignis ma lampe. Pourquoi pensai-je aux courses qui ne m'occupent jamais ? Le nom de Clamart tinta à mon oreille tant et si bien que cela devint un bourdonnement agaçant : je rallumai ma lampe pour faire cesser cette sorte d'obsession ; le sommeil vint, sans rêves ; mais au réveil Clamart fut le premier nom ou, pour mieux dire, la première pensée qui me vint à l'esprit. […]*

J'écrivis à Pierre de mettre ou de faire mettre pour moi 100 francs sur Clamart : cela se passait le samedi matin.

44. David Galley, *Mystérieuses archives*, éditions de l'Opportun.

Le dimanche, j'assistai aux vêpres ; pendant la procession (c'était le jour de la petite Fête-Dieu), le morne bourdonnement revint et toujours : Clamart. Clamart. Le lundi, j'appris que cet animal, qui m'avait intéressée par l'agacement qu'il m'avait donné, était gagnant du Grand Prix. »

On peut aisément, sur le site de la BNF, retrouver le journal *Le Figaro* daté du 4 juin 1891 qui mentionne effectivement en page 3 *Le Grand Prix de Paris*.

Tous les chevaux cités dans la lettre de Madame F. figurent bien dans la liste des partants et il est intéressant de noter que le fameux « Clamart » était loin d'être favori, avec une cote à 10 contre 1. Mieux, le pronostic donné dans le même journal quelques jours plus tôt par le spécialiste Robert Milton donnait le tiercé suivant « 1 – Gouverneur 2 – Ermak 3 – Capricorne »…

Notre Madame F. a donc dû empocher ce jour-là près de 1 000 francs (ce qui correspondait à l'époque au salaire annuel d'un ouvrier des chemins de fer).

Peut-on douter du courrier de Madame F. ? Non, si l'on en croit Charles Richet qui reçut cette lettre le 17 juillet 1891 et qui mena sa petite enquête en interrogeant notamment le neveu de cette dame, le fameux Pierre. Ce dernier lui fit parvenir un courrier comportant en pièce jointe la demande originale de sa tante.

« Nancy, 6 juin 1891.

Mon cher Pierre, j'ai la fantaisie de parier pour le Grand Prix ; c'est une toquade de vieille femme que je puis me passer.

Veux-tu mettre pour moi ou faire mettre cent francs pour « Clamart » ? Tu les prendras sur mon compte. Je ne me trompe pas, n'est-ce pas ? Il n'y a que la somme qu'on verse qui est engagée ? Si je perds, je n'ai rien à verser de plus. Dans ces conditions, marche. Autrement, non.

Pour toi, mes bien affectueuses amitiés.

Garde pour toi ma folie.

E.F »

Comment expliquer la pulsion irrationnelle de cette femme qui a tout mis en œuvre pour parier dans un milieu dont elle semble tout ignorer ?

Difficile d'avancer une explication rationnelle, même si statistiquement cette Madame F. avait, tout comme les autres parieurs, des chances de gagner. Mais il faut admettre qu'il existe, dans ce cas, quelque chose de plus, différent du fait de croire en sa bonne étoile.

40 MILLIONS GRÂCE AU PENDULE !

Parmi les histoires plus récentes, difficile de ne pas faire l'impasse sur le cas de Bernadette Goeury. Cette femme de 55 ans, au train de vie modeste, vivait en 1990 dans la petite commune meusienne de Brabant-en-Argonne. Bernadette était convaincue par les pouvoirs divinatoires de son pendule et s'entraînait donc quotidiennement pour « affiner » son outil. Avec les résultats donnés par le pendule, elle jouait de simples grilles au Loto national.

Le 29 septembre 1990, le pendule a vu juste et Bernadette empochera à l'époque près de 40 millions de francs, soit environ 6 millions d'euros. La presse et les médias titrèrent à l'époque : *Elle remporte 40 millions au Loto grâce à son pendule*. Inutile de vous dire que l'engouement pour les « pendules » fut considérable en France pendant des mois et que, très vite, les étals des libraires se sont garnis de toutes sortes d'ouvrages vantant les mérites – ou expliquant les techniques – du pendule pour gagner aux jeux de hasard.

Or, force est de constater que les grands gagnants du Loto affirmant avoir été guidés par leur pendule se comptent sur une seule main.

Hasard ou pas ?

Si l'on se réfère aux statistiques, il n'existe aucune preuve aujourd'hui que des moyens qualifiés de surnaturels permettent de remporter des grosses sommes à des jeux de hasard. Utiliser un pendule ou jouer les dates de naissances de vos amis revient exactement au même.

Reste que l'intuition – notamment concernant le choix du moment pour jouer – me semble être un sujet d'étude intéressant comme le montre le cas de Madame F. ainsi que de nombreux autres témoignages de personnes ayant été, sans aucune raison, poussées à jouer un jour précis. Une sorte de pressentiment qui leur a souvent permis de gagner, si ce n'est pas le gros lot, au moins de jolies sommes d'argent.

Une grille de loto face au pendule

D'OÙ VIENT LE TERME « EXPÉRIENCE DE MORT IMMINENTE » ?

L'EMI (ou NDE chez les Anglo-Saxons) est un terme utilisé pour décrire des sensations, des visions ou des souvenirs décrits par des personnes ayant frôlé la mort généralement à la suite d'un arrêt cardiaque.

Le terme d'EMI ou de NDE[45] a été principalement popularisé grâce aux travaux de recherches du psychiatre américain Raymond Moody publiés dans un livre[46] paru en France en 1975 sous le titre *La Vie après la vie*.

Cependant l'origine même du terme « mort imminente » est plus ancienne et nous entraîne à Paris à la fin du XIXe siècle.

DES RÊVES « BIZARRES » AVANT DE MOURIR ?

À cette époque, le très cartésien philosophe et psychologue français Victor Egger s'intéresse aux rêves. C'est en collectant

45. Near Death Experience.
46. Dr Raymond Moody, *La Vie après la vie*, J'ai Lu, 1975.

des témoignages sur des rêves atypiques que le psychologue va entendre quelques étranges histoires… Un tout petit nombre de personnes prétendent qu'après une chute ou une noyade, ils ont eu la sensation inédite de voir défiler devant leurs yeux les grands événements de leur vie. Une expérience troublante et marquante pour ces témoins soulignent tous que ces images n'avaient rien à voir avec un rêve…

Voici un extrait d'un courrier de Victor Egger – personnage très sceptique – daté de 1896 qui fait part de ses doutes concernant l'un de ces témoignages.

« *Mon cher Directeur,*

Dans mon article sur les rêves (Revue philosophique, juillet 1895, p. 55), j'ai parlé incidemment des noyés, qui, dit-on, en présence de la mort imminente, revoient en un instant leur vie tout entière; j'en ai parlé d'après un seul fait, cité par Taine, qui l'emprunte à De Quincey, lequel répétait ce qu'on lui avait raconté ; ce témoignage indirect m'a paru insuffisant, et sur ce point comme sur d'autres j'ai émis des doutes critiques, estimant que les faits merveilleux ne doivent être admis en psychologie que s'ils sont absolument prouvés qu'on établisse d'abord leur authenticité. »

Ce courrier figure dans l'introduction de l'ouvrage *Le Moi des mourants* paru en 1896 et dans lequel Victor Egger nous livre d'autres témoignages :

« *[...] Un seul vient d'un auteur français Macario, se baignant dans la Seine, pensa se noyer "Dans cet instant suprême, dit-il, toutes les actions de ma vie se montrèrent comme par enchantement aux regards effrayés de mon esprit".* »

Les autres sont rapportés par des écrivains anglais, Winslow et Munk, ce dernier étant l'auteur un peu fantaisiste d'*Euthanasia* (1887). Un noyé « *aperçut toute sa vie antérieure se déroulant en succession rétrograde avec des détails très précis ; chaque événement était accompagné d'un sentiment de bien ou de mal* ».

Un homme s'étendit entre les deux rails d'un chemin de fer pour éviter d'être renversé par un train qui arrivait à toute vitesse ; « *pendant que le train passait au-dessus de lui, le sentiment de son danger lui remit en mémoire tous les incidents de sa vie, comme si le livre du jugement avait été ouvert devant ses yeux.* »

Le « moi des mourants »

Ce texte révèle dès 1896, pour la première fois au grand public français, l'idée relativement répandue aujourd'hui qu'à l'article de la mort, nous revoyons le film de notre vie en accéléré.

Victor Egger, mentionne également qu'un « sentiment de béatitude » surviendrait juste avant la mort, que les témoins affirment être comme « anesthésiés du toucher et du sens de la douleur, mais que la vue et l'ouïe gardent leur acuité normale ».

À la suite de la parution du livre de Victor Egger, ces phénomènes seront étudiés et mentionnés, durant plusieurs années, sous l'appellation de « *phénomène du moi des mourants* », un terme que l'on peut donc considérer en partie comme étant « l'ancêtre » de notre « Expérience de mort imminente ».

Qu'est-ce qu'un « nécrophone » ?

On trouve plusieurs définitions d'un « nécrophone[47] *».*

La première puise ses origines à la fin de la Première Guerre mondiale. C'était, à l'époque, un appareil téléphonique rudimentaire installé sur demande dans un cercueil. L'appareil permettait au « mort » de signaler aux autres qu'il ne l'était pas encore… Si l'appareil a réellement existé – une veuve bavaroise l'avait fait installer dans son caveau en 1912[48] – il est resté totalement marginal et fut surtout une source d'inspiration pour les humoristes parisiens de l'époque qui le mirent en scène dans des situations tout à fait burlesques.

L'autre définition du « nécrophone » est une tentative de traduction du mot américain « spirit phone ». Il nous renvoie directement à l'un des projets les plus originaux du célèbre Thomas Edison : La création d'un appareil dont la fonction était d'enregistrer la voix des esprits ou des sons provenant de « l'au-delà ».

---

47. L'invention du mot « nécrophone » est à mettre au crédit d'auteurs français au début des années 1920.

48. Article *Le téléphone dans le cercueil*, *Le Grand Echo du Nord de la France*, Vendredi 1er mars 1912, Édition du matin.

Edison adepte des thèses spirites

Ce célèbre philanthrope américain né en 1847, considéré comme l'un des inventeurs du phonographe, était aussi fasciné par les phénomènes occultes et surtout un fervent adepte du spiritisme. Durant les dix dernières années de sa vie, il consacra une partie de son temps à la création d'une machine capable d'enregistrer la voix des morts.

Il expose d'ailleurs très clairement son ambition dans un entretien traduit en français et publié en 1921 dans le magazine *Je sais tout* :

« *Recevoir des communications d'un autre monde (j'admets la bonne foi des médiums) ou avoir le moyen de connaître la méthode précise par laquelle nous pourrons obtenir ces communications sont deux choses fort différentes. Et c'est à cette dernière que je voudrais arriver.*

J'ai cherché, pour cela, à construire un appareil scientifique permettant aux morts, si la chose est possible, d'entrer en relations avec nous.

Si ce que nous appelons « personnalité » subsiste après la mort, si les êtres qui ont dépouillé la forme humaine ne peuvent agir et se mouvoir, ils communiqueront, du moins avec ceux qu'ils ont laissés ici-bas, grâce à mon appareil qui leur donnera cette possibilité "d'agir".

Or, je suis convaincu que notre personnalité subsiste dans l'au-delà car, si elle disparaissait, pourquoi la nécessité d'un

Extrait de l'interview de Thomas Edison dans le magazine *Je sais tout*, 15 janvier 1921

Un des plus récents portraits du savant américain Édison, l'inventeur du phonographe, dont les récentes recherches pour parler aux morts font grand bruit en Amérique

CEUX DE L'AU-DELÀ

POURQUOI JE CHERCHE A COMMUNIQUER AVEC EUX

par Édison

Si nous ne connaissons pas la millionième partie des choses de ce monde, si nous ignorons ce qu'est au juste l'eau, la lumière, la gravitation, l'électricité, la chaleur... si nous ne savons rien au sujet du magnétisme, comment pourrions-nous savoir au juste ce qui se passe dans l'au-delà ? On a beaucoup écrit sur le spiritisme ; on en a encore plus parlé, mais les méthodes et les appareils employés ne sont, dans ce domaine, nullement scientifiques. Recevoir des communications d'un autre monde (j'admets la bonne foi des médiums) ou avoir le moyen de connaître la méthode précise par laquelle nous pourrons obtenir ces communications sont deux choses fort différentes. Et c'est à cette dernière que je voudrais arriver.

J'ai cherché, pour cela, à construire un appareil scientifique *permettant aux morts, si la chose est possible, d'entrer en relations avec nous. Si ce que nous appelons « personnalité » subsiste après la mort, si les êtres qui ont dépouillé la forme humaine ne peuvent agir et se mouvoir, ils communiqueront, du moins avec ceux qu'ils ont laissés ici-bas, grâce à mon appareil qui leur donnera cette possibilité « d'agir ».*

Or, je suis convaincu que notre personnalité subsiste dans l'au-delà car, si elle disparaissait, pourquoi la nécessité d'un au-delà ? Si donc, elle survit, il est logique d'affirmer qu'elle a gardé la mémoire, l'intellectualité ainsi que les autres facultés que nous avons acquises sur cette terre.

A mon avis, nos corps sont composés de

Document : David Galley

au-delà ? Si donc, elle survit, il est logique d'affirmer qu'elle a gardé la mémoire, l'intellectualité ainsi que les autres facultés que nous avons acquises sur cette Terre[49]. »

L'article se termine par ces mots de Thomas Edison : « *Si l'appareil que je construis pouvait être un canal, entrant à flots dans le monde inconnu, nous aurions fait un grand pas vers l'Intelligence suprême... Mais je ne veux pas en dire plus ! Tout ce que je promets, c'est, de permettre aux personnalités qui ont passé dans l'au-delà de communiquer avec nous si elles le veulent ou le désirent et surtout si elles existent.* »

UNE MACHINE FANTÔME

Thomas Edison mourra le 18 octobre 1931 à l'âge de 84 ans, sans jamais avoir pu achever l'une de ses machines pour communiquer avec l'au-delà.

Cependant, l'idée d'une machine pour parler aux morts avait fait son chemin un peu partout dans le monde. En France, l'Institut métapsychique international de Paris développera un projet du même type qui donnera les mêmes résultats.

À ce jour, à ma connaissance, il n'existe aucun exemplaire en état de fonctionnement d'une quelconque « machine à parler avec les morts » dans le monde.

49. *Je sais tout*, 15 janvier 1921, p.77-78.

Qui avait prophétisé le chaos mondial provoqué par Adolf Hitler ?

On peut lire ou entendre régulièrement que certaines voyantes, des astrologues ou des prophètes avaient annoncé l'arrivée au pouvoir d'Adolf Hitler en Allemagne, décrit le chaos mondial qu'il entraînerait et prédit les millions de morts que sa politique fasciste et antisémite a provoqués.

Nostradamus

Le premier de ces « prophètes » serait Nostradamus. Ce médecin et astrologue français du XVIe siècle aurait révélé, dans ses célèbres *Centuries* publiées en 1555, la montée en puissance d'Hitler. Les défenseurs de cette théorie s'appuient notamment sur le quatrain XXXV que voici :

« *Du plus profond de l'Occident d'Europe,*

De pauvres gens un jeune enfant naîtra,

Qui par sa langue séduira grande troupe,

Son bruit au règne d'Orient plus croîtra. »

Ce quatrain – comme la grande majorité des prophéties de Nostradamus – reste très « flou ». Il est donc relativement facile, une fois que les faits se sont produits, de les interpréter et d'y percevoir un événement particulier.

Toujours d'après certains interprètes des centuries, ce quatrain XXXV serait le seul à évoquer le dictateur nazi…

Évoquer la naissance d'un enfant dans un pays du centre de l'Europe ayant des talents d'orateur n'est pas exactement la façon dont, personnellement, je décrirais en 4 lignes Adolf Hitler. De plus, le quatrain évoque un personnage qui « règne » sur l'Orient, ce qui, là encore, n'est pas vraiment ce que l'Histoire a retenu du sombre personnage.

Hister ou Hitler ?

Nostradamus a pourtant bien cité à plusieurs reprises, non pas le nom « Hitler », mais le nom de « HISTER » comme on peut le lire en ancien français dans le quatrain XXIV :

« *Bestes farouches de faim fleuues tranner ;*

Plus part du champ encontre Hister sera,

En cage de fer le grand fera treisner,

Quand rien enfant de Germain obseruera. »

« Hister » cité dans les prophéties a souvent été associé ou confondu avec « Hitler ». Or le nom d'Hister correspond en fait au nom latin d'une partie du fleuve Danube. Ce nom était très utilisé à l'époque de Nostradamus.

Il semble donc qu'on ne trouve aucune révélation ou prophétie très explicite sur Hitler dans les écris de Nostradamus.

La prophétie de Sainte Odile

Durant la Première Guerre mondiale, un petit livret de quelques pages fut publié et traduit du latin au français. Ce livret contenait *La Prophétie de Sainte Odile* et annonçait la chute de l'Allemagne après un conflit très meurtrier.

Le texte n'est très certainement pas attribuable à Sainte Odile (sainte qui vécut au VIIe siècle), mais le texte connut un certain succès. Il fut copié et distribué notamment pour remonter le moral des troupes françaises en 1915.

C'est finalement bien plus tard, dans les années 1940 que certains auteurs affirmèrent que « les prophéties de Sainte Odile » ne concernaient peut-être pas la première mais plutôt la Seconde Guerre mondiale.

Il est vrai qu'à la lecture de ce livret daté de 1915, on peut effectivement faire un rapprochement avec le conflit qui ravagea l'Europe dès 1939.

Je vous laisse d'ailleurs juge de cela :

« *Il est venu le temps où la Germanie sera appelée la nation la plus belliqueuse de la Terre. Elle est arrivée l'époque où surgira de son sein le guerrier terrible qui entreprendra la guerre du monde et que les peuples en armes appelleront l'Antéchrist, celui qui sera maudit par les mères pleurant, comme Rachel, leurs enfants, et ne voulant pas être consolées. Vingt peuples divers combattront dans cette guerre. Le conquérant partira des rives du Danube... [...]*

La guerre qu'il entreprendra sera la plus effroyable que les humains n'auront jamais subie. Ses armes seront flamboyantes et les casques de ses soldats seront hérissés de pointes qui lanceront des éclairs, pendant que leurs mains brandiront des torches enflammées... Il remportera des victoires sur terre, sur mer, et jusque dans les airs, car on verra ses guerriers ailés, dans des chevauchées inimaginables, s'élever jusque dans le firmament pour y saisir les étoiles, afin de les projeter sur les villes et y allumer de grands incendies. [...]

La troisième période sera de courte durée : on l'appellera la période d'invasion, car, par un juste retour des choses, le pays du conquérant sera envahi de toutes parts, ex omnibus partibus. Ses armées seront décimées par un grand mal, et tous diront : le doigt de Dieu est là ! Les peuples croiront que sa fin est prochaine ; le sceptre changera de main, et les miens se réjouiront.

Tous les peuples spoliés recouvreront ce qu'ils auront perdu et quelque chose de plus... La région de Lutèce sera sauvée

Livret des prophéties de Sainte Odile
paru en juin 1916

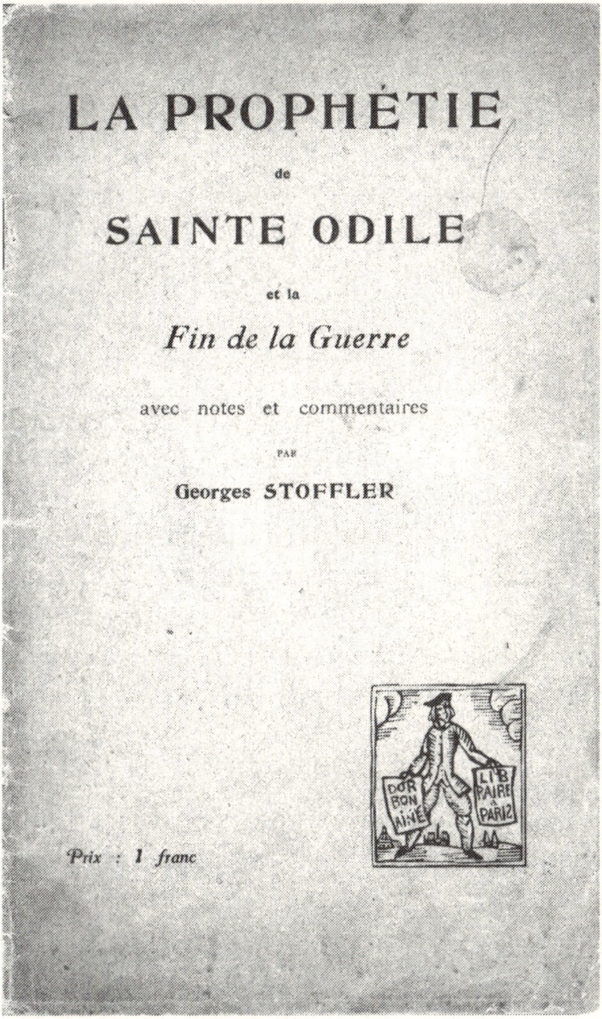
LA PROPHÉTIE

de

SAINTE ODILE

et la

Fin de la Guerre

avec notes et commentaires

PAR

Georges STOFFLER

Prix : 1 franc

Document : David Galley

elle-même à cause de ses montagnes bénies et de ses femmes dévotes… Pourtant tous auront cru à sa perte…

Mais les peuples se rendront sur la montagne et rendront grâce au Seigneur... Car les hommes auront vu de telles abominations dans cette guerre que leurs générations n'en voudront plus jamais... Malheur pourtant encore à ceux qui ne craindront pas l'Antéchrist ! Car il suscitera de nouveaux meurtres ! »

Une guerre peut en cacher une autre

À la lecture de ces « prophéties », il faut avouer que les événements décrits semblent, en grande partie, se référer au second conflit mondial. Mais là encore, il est aisé aujourd'hui d'interpréter ce texte.

Force est de constater qu'après de multiples recherches dans les archives, on ne trouve pas de prophéties, de textes émanant de voyant(e)s, de médiums ou d'astrologues qui annoncent l'arrivée au pouvoir d'Adolf Hitler et de la terrible guerre mondiale qu'il provoqua.

Une véritable prophétie

Le seul et unique document d'archive qui me semble réellement prophétique concernant Hitler est tiré d'une lettre d'un général allemand – Erich Ludendorff – adressée à son collègue le maréchal Hindenburg en janvier 1933 :

« *En nommant Hitler chancelier du Reich, vous avez remis notre sainte patrie allemande entre les mains d'un des plus grands démagogues que nous ayons jamais connus. Je vous prédis solennellement que ce funeste personnage conduira notre Reich dans l'abîme et plongera notre nation dans une misère inconcevable. Les générations à venir vous maudiront dans la tombe pour ce que vous avez fait*[50]. »

Le général Ludendorff avait lancé en 1925 un mouvement dénommé « connaissance des Dieux ». Un cercle qui existe encore aujourd'hui et dont les membres sont souvent appelés les « Ludendorffer ».

Erich Ludendorff est mort en décembre 1937. Il n'aura donc jamais vu sa terrible prophétie se réaliser…

---

50. Lettre citée par Bouchet Philippe, *La R*épublique de Weimar, Ellipses, 1999, p. 83.

C'EST QUOI LE « BAS ASTRAL » ?

Le bas astral fait partie du vocabulaire de l'occultisme. Il s'agit d'un « niveau » du monde de l'au-delà dans lequel les esprits les plus attachés à la matière sont en quelque sorte « bloqués ». Généralement, les entités qui se retrouvent dans le bas astral sont considérées comme malsaines, agressives voire démoniaques.

D'après la majorité des médiums, nous aurions la possibilité de ressentir la présence de ces esprits du bas astral dans des lieux où leur mémoire est encore très présente. L'énergie dégagée par ces esprits aurait un effet négatif sur les habitants des lieux en question.

De nombreux médiums affirment également pouvoir « aider » ces entités du bas astral à se délivrer de leur attachement au monde matériel en leur faisant comprendre notamment qu'ils sont bel et bien morts. Un thème abordé avec beaucoup de subtilité dans le film du réalisateur espagnol Alejandro Amenábar : *Les Autres*, avec Nicole Kidman.

D'OÙ VIENT LE MOT « GOUROU » ?

Si de nos jours en France le mot « Gourou » a une connotation très négative – évoquant notamment un dirigeant de secte ou une personne manipulatrice – il reste bien au contraire synonyme de grande spiritualité et de respect notamment en Inde et plus généralement en Asie.

GURU

Le mot « gourou » nous vient du sanskrit et donc de la tradition brahmanique et de la philosophie bouddhiste.

Dans ces cultures, un gourou est considéré comme un guide spirituel qui enseigne la religion mais aussi la musique ou encore la danse.

Flower Power

Pour expliquer la connotation négative du mot « gourou », il faut revenir à la fin des années 1960 et dans les années 1970. Durant cette période, l'engouement d'une partie de la jeunesse occidentale pour les philosophies bouddhistes ou hindouistes avait abouti à la création de plusieurs dizaines d'ashrams sur notre territoire. Si tout se déroulait pour le mieux dans la plupart d'entre eux, il n'en fut pas de même dans certains lieux souvent très isolés géographiquement mais aussi socialement.

Les camps diaboliques

Quelques personnes malveillantes profitèrent de la crédulité ou de la fragilité psychologique de leurs adeptes pour organiser un véritable culte de la personnalité, en s'octroyant au passage de plus en plus de privilèges et de pouvoirs au sein de toute la communauté. Viol, pédophilie, spoliation financière et éducation déviante, au fil des années, certains de ces adeptes finirent par témoigner à travers les médias et la presse de l'enfer qu'ils avaient vécu dans ces ashrams « déviants ».

Ce sont ces témoignages et les procès retentissants qui en découlèrent qui ternirent la réputation de tous les gourous, au point d'en faire un mot très négativement connoté aujourd'hui.

Gourou indien

Source : BNF

Qu'est-ce que le vaudou ?

Sorcellerie, sortilèges, mauvais œil… L'image du vaudou en Europe est teintée de mystères et fait aujourd'hui encore frissonner de terreur bien des Occidentaux.

Pourtant le vaudou, c'est d'abord une religion pratiquée par près de 230 millions de personnes à travers le monde. Le vaudou est principalement présent en Afrique (Togo, Bénin, Ghana, Nigéria, etc.) mais aussi sur le continent américain (Haïti, Brésil, Louisiane, etc.).

La religion vaudoue repose sur des rituels très codifiés qui, d'après ses adeptes, servent à encadrer tout ce qui peut marquer la vie d'un homme ou d'une femme.

Le vaudou est partout !

Le vaudou se greffe donc sur tous les événements importants de la vie comme une naissance, un mariage ou un décès. Mais cette religion est également très présente dans tous les domaines.

Pas un match de football, pas un examen ou une élection importante sans faire appel à la magie vaudoue ! Une magie que l'on retrouve aussi dans le domaine médical.

La religion vaudoue est incarnée par des hommes qui sont à la fois sorciers, guérisseurs et devins. On les appelle Bokonos ou Bokors en Afrique ou Quimbois aux Antilles françaises.

Si la plupart du temps, les Bokonos utilisent des fétiches ou des figurines pour soigner ou « faire le bien », il arrive aussi que ces sorciers tentent – souvent sur demande – de provoquer la maladie, d'attirer le malheur ou la mort sur une personne en particulier. Et ce, toujours à l'aide de rites magiques qui font partie intégrante de cette religion.

Les poupées vaudoues, un mythe ?

Contrairement aux idées reçues, les « sorciers » vaudous n'utilisent quasiment jamais de petites poupées qu'ils transpercent d'aiguilles. Ce rite se retrouve plutôt dans l'histoire de la sorcellerie européenne.

Si les fétiches africains peuvent être de simples statuettes en bois, on les retrouve plus fréquemment sous la forme de paquets ficelés dans lesquels le Bokono enferme toutes sortes d'ingrédients ou d'objets (os, sang d'animaux, plantes diverses, aliments, plumes, etc.).

Rite vaudou du « ferme ta gueule »

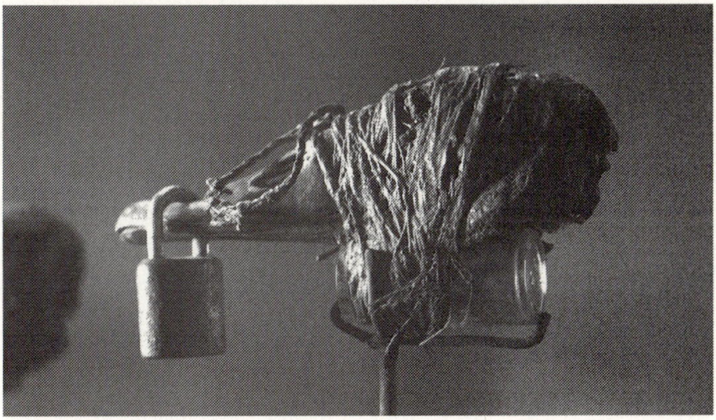

Statues vaudoues exposées au musée Vodou de Strasbourg

© David Galley

Les fétiches peuvent aussi prendre des formes assez inattendues, comme j'ai pu le constater lors d'une visite au surprenant musée « Vodou » de Strasbourg[51].

Un canard plus qu'enchaîné !

On peut en effet y voir exposé, parmi des centaines de statuettes, de figurines ou d'ossements humains, un crâne de canard dont le bec a été percé par un cadenas. Ce fétiche est appelé en Afrique de l'Ouest un « Ferme ta gueule »…

En « clouant le bec » à ce squelette de canard, le Bokono crée une sorte d'envoûtement ciblé sur une personne dans le but de l'empêcher de dévoiler un secret ou une information importante. Le sort permettrait ainsi d'éviter, par exemple, que l'on puisse témoigner contre vous à un procès.

Pour les croyants, les fétiches ensorcelés renfermeraient un réel pouvoir et si, par malheur, on en devient la cible, le seul moyen de s'en protéger est de très vite consulter un Bokono qui créera pour vous un nouveau sort de protection.

51. Musée Vodou. Musée privé consacré aux rituels vaudous africains et antillais situé au 4, rue de Koenigshoffen à Strasbourg.

Qu'est-ce qu'une synchronicité ?

Votre Smartphone en main, vous vous apprêtez à passer un appel à un ami. Un ami d'enfance que vous n'avez pas revu depuis plusieurs mois. Au moment précis où vous trouver son nom dans votre liste de contact, le téléphone se met à sonner. Incroyable hasard, l'appel émane de l'ami en question ! Une étonnante coïncidence ? Ou un signe du destin ? Nous avons tous en tête le souvenir personnel d'une expérience que certains qualifient de synchronicité.

Jung le fondateur

Cette notion assez complexe, apparaît au début des années 1930 dans les milieux parapsychologiques. Elle sera par la suite développée par Carl Gustav Jung.

Le célèbre psychiatre suisse nous livre – dans un recueil d'essais – une anecdote qui sera largement reprise dans tous les ouvrages traitant du sujet. En 1946, Jung accueillait dans son cabinet une patiente qu'il qualifiait à l'époque de « très rationaliste ». Cette dernière lui raconta un jour un rêve marquant où elle se voyait recevoir un cadeau très spécial : un scarabée doré. Jung raconte :

« *Pendant qu'elle me rapportait le rêve, j'étais assis le dos à la fenêtre fermée. Tout à coup, j'entendis derrière moi un bruit, comme si l'on frappait légèrement à la fenêtre. Je me retournai et vis qu'un insecte, en volant, heurtait la fenêtre à l'extérieur. J'ouvris la fenêtre et capturai l'insecte au vol. Il offrait la plus étroite analogie que l'on puisse trouver à notre latitude avec le scarabée doré. C'était un hanneton scarabéide, Cetonia aurata, "le hanneton des roses", qui s'était manifestement amené, contre toutes ses habitudes, à pénétrer dans une pièce obscure juste à ce moment. Je dois dire tout de suite qu'un tel cas ne s'est jamais produit pour moi, ni avant ni après, de même que le rêve de ma patiente est demeuré unique dans mon expérience*[52]. »

Jung pressent qu'il ne peut s'agir là d'un hasard. Il classe l'événement comme étant une coïncidence signifiante, pouvant être liée à un rêve prémonitoire mais aussi à d'autres phénomènes inexpliqués.

Je ne vais pas développer ici les théories complexes avancées par le psychiatre sur les synchronicités, mais il est intéressant de noter que Jung imaginait que le phénomène pouvait s'expliquer par une sorte de connexion entre notre esprit et une forme d'inconscient collectif situé hors du temps et de l'espace.

52. *Synchronicité et Paracelsica*, Gustave Jung, 1952.

Carl Gustav Jung

Pour tenter de simplifier, nous serions tous « reliés » entre nous et nous aurions accès tous au même instant à une masse d'informations concernant notre passé, notre présent et notre futur. D'après Jung, c'est cela qui expliquerait ces fameux « hasards qui n'en sont pas ».

LES MATHÉMATIQUES FACE AUX SIGNES

Si l'on parle de hasard, on se doit aussi de parler « statistique ». En reprenant l'exemple de notre coup de téléphone à un ami qui vous appelle au moment précis de composer son numéro, pouvons-nous estimer le pourcentage de chance qu'un tel événement puisse survenir ?

Les mathématiciens et les statisticiens s'en sont chargés. D'après leur travail, vous avez près de 100 % de chance qu'une fois ou deux dans votre vie, ce genre d'expérience puisse vous arriver.

Les statistiques peuvent en effet paraître surprenantes. Par exemple, sachez que dans une salle de classe composée de plus de 23 élèves, il existe une chance sur deux pour que l'on trouve deux personnes nées le même jour du même mois.

L'IMPOSSIBLE HASARD

Certains hasards restent tout de même extraordinaires. C'est le cas par exemple d'un tirage de la loterie bulgare qui a vu le 4 septembre 2009 afficher les numéros suivants : 4, 15, 23, 24,

35, 42. Or, une semaine plus tard, nouveau tirage en direct à la télévision nationale et le résultat stupéfia les joueurs : 4, 15, 23, 24, 35, 42… Les 6 mêmes numéros et seulement sept jours plus tard. La coïncidence fut si suspecte que le gouvernement bulgare ordonna l'ouverture d'une enquête. Aucune fraude, aucun problème technique n'apparut dans le rapport final des officiels. Seulement une probabilité statistique infime – quasi impossible – mais qui s'était finalement produite en direct à la télévision.

On peut trouver un grand nombre de récits concernant des hasards « improbables ». Les défenseurs de la théorie des synchronicités y verront un signe du destin, pendant que les plus rationalistes ne percevront qu'un simple résultat statistique.

Tout se joue probablement dans notre perception des « hasards » qui se présentent tous les jours et auxquels un grand nombre d'entre nous souhaitent inconsciemment donner une signification.

Le Saint-Suaire est-il encore une énigme ?

Rarement dans l'Histoire une relique aura suscité autant de passions, de polémiques et de controverses que le Saint-Suaire. Et cela dure depuis près de six cents ans !

Le Saint-Suaire de Turin, c'est une grande pièce de tissu en fibres de lin d'environ 4 mètres de long sur 1 mètre de large. Les fibres portent les marques d'un corps aujourd'hui à peine visible. Un corps meurtri qui présente toutes les traces d'un homme qui fut jadis crucifié.

Pour les croyants, le Saint-Suaire serait en fait une relique exceptionnelle : le linceul ayant servi à envelopper le corps du Christ juste avant sa mise au tombeau il y a un peu moins de deux mille ans.

Une histoire mouvementée

Nous n'allons pas revenir sur toutes les aventures qu'a connu cette relique durant plusieurs siècles mais nous allons nous concentrer sur les diverses études et analyses menées jusqu'à aujourd'hui pour prouver – ou non – son authenticité.

Sachez simplement que bien d'autres reliques de ce type circulaient en Europe dès le XIIIe siècle et que les premières mentions historiques du Saint-Suaire remontent au milieu du XIVe siècle. Le linceul était à cette époque exposé dans une collégiale à Lirey, une commune située au sud de la ville de Troyes dans l'actuel département de l'Aube.

La divine photographie

Si la relique était connue dès le XIVe siècle, elle doit pourtant sa très grande notoriété à un avocat italien répondant au nom de Secondo Pia, qui réalisera en 1898 le premier cliché du linceul.

En découvrant l'image du visage christique apparaissant pour la première fois sur une plaque photographique, Secondo Pia fut saisi d'une grande émotion. L'épreuve photographique obtenue d'après un « procédé nouveau » pour l'époque donna un négatif. Un négatif qui révélait en fait l'empreinte « positive » du visage ! En clair, le linceul recelait une image « inversée », une image négative que seul un procédé photographique permettait de voir clairement.

Aussitôt, l'émotion causée par cette révélation fut prodigieuse et l'authenticité devint, pour beaucoup, indiscutable.

Très vite, la nouvelle se répandit dans le monde entier et le Saint-Suaire devint en quelques semaines la nouvelle relique « star » qui allait être vénérée désormais par des millions de catholiques.

Les scientifiques entrent en scène

Dans le même temps, le milieu scientifique s'interrogeait… Si le Saint-Suaire n'était qu'un faux daté du XIVe siècle, comme beaucoup le pensaient à cette époque, comment imaginer que des artistes du Moyen Âge aient pu avoir l'idée et surtout les moyens techniques pour créer une image en négatif sur un drap de lin ?

À partir du début du XXe siècle, le Saint-Suaire deviendra la relique la plus étudiée de l'Histoire ! Les fibres, les pollens, les poussières, les taches de sang, les traces d'écriture, etc. Tout sera analysé avec des outils qui deviendront au fil des années de plus en plus performants : microscopes, rayons X, carbone 14, etc.

En 1988, la science pensa enfin avoir résolu l'énigme du Suaire : d'après une datation au carbone 14, le linceul aurait en fait une origine médiévale et daterait probablement du XIIIe ou du XIVe siècle.

Le dossier n'était pas clos

Loin de décourager les partisans de l'authenticité du Suaire, les analyses seront rapidement remises en cause, certains arguant du fait qu'une grande partie des morceaux de lin analysés provenaient de rapiéçages opérés au Moyen Âge et que les diverses pollutions dues à l'exposition publique du linceul durant des siècles avaient probablement faussé les résultats.

Plusieurs questions importantes restaient d'ailleurs en suspens. Comment, par exemple, expliquer que l'image du linceul ne soit ni un dessin, ni une peinture, aucune trace de pigments n'ayant été décelée sur le tissu ?

De sérieux doutes

Les défenseurs d'une théorie « divine » du Suaire mettaient aussi en avant les résultats d'analyses sur les traces de sang, qui étaient bien d'origine humaine, et les pollens dont la provenance était située dans des régions méditerranéennes.

Ils évoquèrent aussi la présence d'écritures en latin, grec ancien et araméen sur le linceul. Des textes, qui, à leur sens, accréditeraient la théorie d'une ancienneté du Saint-Suaire bien supérieure au XIVe siècle.

Enfin, et c'est particulièrement intéressant, ils notèrent que des traces de sang sont visibles au niveau des poignets du supplicié représenté sur le linceul. Or, durant très longtemps, les images du Christ sur la croix faisaient figurer des clous dans la paume

Photographie en négatif du Saint-Suaire de Turin

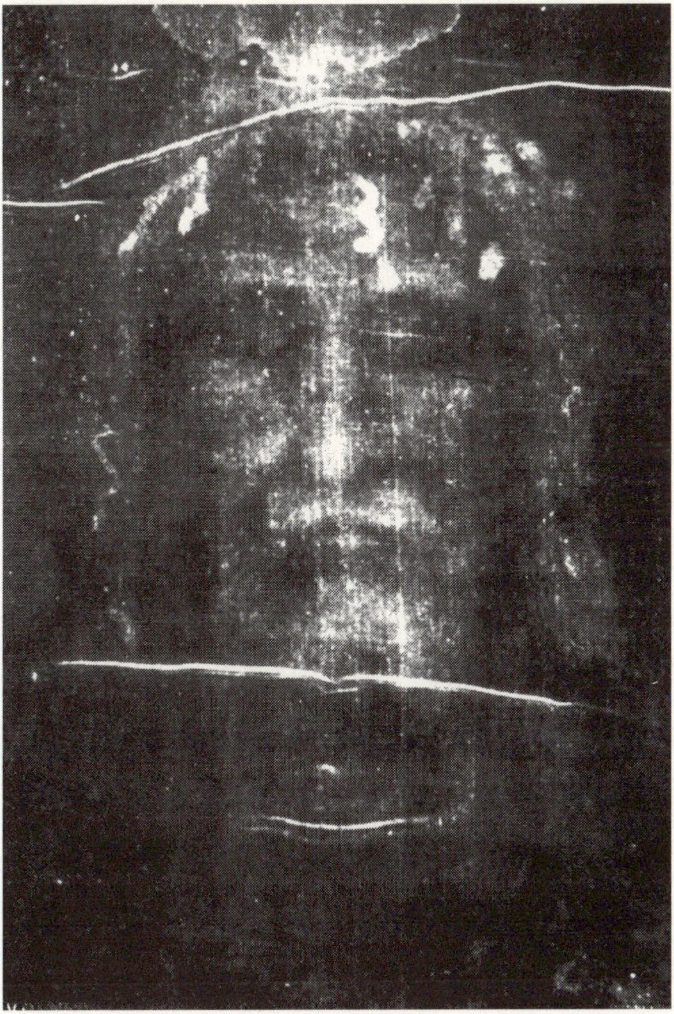

Source : BNF

des mains. La majorité des historiens s'accordent aujourd'hui à reconnaître que lors du supplice de la crucifixion, les Romains ne plantaient pas de clous dans la paume des mains, mais plutôt dans les poignets des condamnés. Comment dans ce cas, un artiste du XIVe siècle aurait-il pu avoir accès à cette information, totalement ignorée par les gens de son époque ?

Une image en relief !

Mais le plus extraordinaire reste à venir. Dans les années 1990 et 2000, de nouvelles analyses plus poussées montreront que l'image du linceul est en fait constituée par une sorte de « tramage ». Les fibres ayant été « roussies » en profondeur sur une quarantaine de microns… Une découverte surprenante pour les scientifiques qui ont pu, durant leurs travaux, relever une autre particularité tout à fait extraordinaire du linceul. Non seulement c'est une image qui a les propriétés d'un négatif photographique, mais qui possède aussi une information concernant des couleurs et une information tridimensionnelle[53]. Il semblerait donc qu'il existe une sorte de codage à l'intérieur même des fibres, qui donne un aspect 3D à l'image du linceul. Cette image en relief d'un corps allongé a notamment été révélée par l'ingénieur français Thierry Castex.

53. Voir les travaux et études de Thierry Castex.

À ce jour, et malgré une datation au carbone 14 très controversée, le Suaire reste une énigme pour de nombreux historiens, médecins ou physiciens. L'un d'eux, le physicien André Marion, qui avait pu travailler directement avec une équipe italienne sur le linceul de Turin, m'avait confié en 2004 :

« *On a utilisé des instruments comme des lasers, on a mis en œuvre des rayons X, des protons, des neutrons, j'en passe et des meilleures… Il a été impossible de reconstituer une image qui possède toutes les caractéristiques de celle du Suaire. On ne sait faire que des choses qui sont vaguement ressemblantes, vaguement approchantes.* »

Quel que soit l'aspect que l'on envisage dans cette affaire, il semble qu'il reste encore beaucoup d'énigmes, beaucoup de questions sur le Saint-Suaire, qui reste aujourd'hui à classer dans la catégorie des « objets impossibles ».

Qui était Allan Kardec ?

Impossible d'évoquer la grande vogue du spiritisme en France au milieu du XIX*e siècle sans évoquer le nom d'Allan Kardec.*

De son vrai nom Hippolyte Léon Rivail, ce lyonnais était reconnu pour être l'auteur de nombreux ouvrages scolaires dans les années 1830. Il fonda d'ailleurs à Paris un institut scolaire, dans le but de réformer l'enseignement, mais ses ambitions furent très vite déçues et il dut rapidement reprendre son premier métier, à savoir instituteur.

La révélation tardive

Ce n'est qu'en 1854, alors qu'il était âgé déjà d'une cinquantaine d'années, qu'Hippolyte s'intéressa à la mode importée des États-Unis des tables tournantes. Ce fut pour lui une véritable révélation. De plus en plus assidu aux réunions où l'on invoquait les « esprits » en petit comité dans les salons parisiens, Hippolyte notait scrupuleusement les « conversations » qui émanaient de ces étranges communications avec l'au-delà. C'est d'ailleurs lors d'une de ces séances qu'un « esprit » lui révéla que dans une vie antérieure, Hippolyte était un druide important et répondait au nom d'Allan Kardec.

En 1857, peut-être pour se préserver d'éventuelles critiques du monde éducatif, il adopta ce pseudonyme pour publier son premier livre : *Le Livre des esprits*, contenant les principes de la doctrine spirite. L'ouvrage mentionnait *« Écrit sous la dictée et publié par l'ordre des esprits supérieurs »*.

Le Livre des esprits

Le livre connaîtra un succès extraordinaire et l'on devra au passage à Allan Kardec l'invention du mot « spiritisme ».

Durant les douze années suivantes, Allan Kardec créera une revue spécialisée sur le thème de la communication avec les esprits : *La Revue Spirite*. Il publiera également 5 autres ouvrages dont *Le Livre des médiums* ou encore *Qu'est-ce que le spiritisme ?* en 1859. Ces ouvrages seront traduits dans de nombreuses langues et participeront à l'engouement mondiale pour le spiritisme.

Un succès planétaire

Si le succès des publications d'Allan Kardec sera très important en France, il faut savoir que dans des pays comme le Brésil, l'engouement sera tel qu'on assistera à la naissance d'une véritable néoreligion : la doctrine spirite.

Affiche du centenaire de la naissance d'Allan Kardec

CENTENAIRE D'ALLAN KARDEC

3 Octobre 1804 — 3 Octobre 1904

Fondateur de la *Doctrine Spirite* ; auteur du *Livre des Esprits* ;
Livre des Médiums ; *Evangile selon le Spiritisme* ; *Ciel et Enfer* ;
La Genèse et de plusieurs abrégés.

A créé la REVUE SPIRITE en 1858

47me Année d'existence

Naitre, mourir, renaitre encore et progresser sans cesse, telle est la Loi.

LIBRAIRIE DES SCIENCES PSYCHIQUES
42, RUE ST-JACQUES, PARIS

Source : BNF

Un mouvement qui compte encore aujourd'hui plusieurs millions d'adeptes – notamment en Amérique du Sud – qui vouent un véritable culte à Allan Kardec.

Un esprit toujours présent

Hippolyte Rivail, dit Allan Kardec, décédera brusquement d'une rupture d'anévrisme dans la nuit du 30 au 31 mars 1869 dans son appartement du 9e arrondissement de Paris, au 8, rue des Martyrs.

Enterré au cimetière du Père-Lachaise à Paris, sa tombe attire encore aujourd'hui une foule d'admirateurs qui continuent de fleurir le lieu et s'adonnent souvent à un rite superstitieux qui consiste à poser sa main sur l'épaule droite du buste de Kardec et de faire un vœu. On ne sait pas si leur esprit communique directement avec celui du défunt, mais ce qui semble certain, c'est que certains vœux doivent se réaliser, si l'on considère le nombre impressionnant de fleurs blanches déposées sur la tombe du célèbre spirite en signe de remerciement.

Où peut-on voir des « dames blanches » ?

Qui n'a jamais entendu parler de la dame blanche… Cette silhouette féminine, évanescente, que certains auraient croisé sur une route un soir d'été ou dans le couloir sombre d'un château comme semble le relater de nombreux récits parfois très anciens.

Si l'on trace les textes de quelques rares apparitions de dames blanches dès l'Antiquité sous divers vocables, la majorité des témoignages dont nous disposons aujourd'hui nous viennent du XVIIIe et XIXe siècle.

Auparavant, difficile de faire la part entre la légende et la réalité de certains faits.

La célèbre Prussienne

L'une des plus célèbres histoires de dame blanche nous vient d'Allemagne et plus précisément du château de Hohenzollern situé dans le sud-ouest du pays.

Depuis 1486, on prétend que, régulièrement, une forme vaporeuse blanchâtre, prenant les traits d'une jeune femme, serait aperçue dans les couloirs ou certaines pièces du château.

En 1886, la *Revue des journaux et des livres* faisait déjà mention de cette étrange légende dans un article consacré aux 400 ans de ces apparitions :

« *Une vive émotion règne en ce moment dans les milieux crédules de l'Allemagne, où l'on parle à voix basse des récentes apparitions de la "Dame blanche", la dame blanche des Hohenzollern, qui ne se montre, d'après la légende, que lorsque quelque événement grave menace la maison régnante de Prusse – ordinairement le décès d'un des principaux membres de la famille.*

Depuis plusieurs années, rien de positif n'avait été raconté au sujet du mystérieux fantôme. À la vérité, on a prétendu avoir vu la dame blanche juste quelques heures avant le décès du jeune prince Waldemar, et, il y a deux ans, un journal allemand affirmait que le fantôme avait été aperçu dans une des salles du vieux château. Il y eut à ce moment un grand mouvement d'inquiétudes parmi les hauts fonctionnaires de la cour impériale, et l'on chercha qui avait pu lancer la terrible nouvelle. Non pas que les fonctionnaires attachassent personnellement grande importance à la soi-disant apparition du spectre ; mais on craignait que la mise en circulation d'une telle rumeur n'eût une fâcheuse influence sur la santé du vieil empereur, et l'on redoutait pour lui les conséquences funestes d'un racontar qui ne pouvait manquer de produire une vive impression sur son esprit habitué à respecter la légende familiale. »

On peut déjà le percevoir dans ce texte, l'apparition d'une dame blanche ne serait jamais bon signe… Sa présence étant souvent synonyme d'une mort prochaine ou en tout cas de malheurs à venir pour les témoins ayant pu l'apercevoir.

Des dames au bord des chemins

Si les fantômes dans l'imaginaire collectif se manifestent principalement dans des palais, des châteaux ou des manoirs, les dames blanches semblent investir des lieux plus ordinaires. On les retrouve au bord des chemins mais aussi sur des bateaux ou même dans des mines comme j'ai pu le découvrir dans cet article d'un journal daté de 1907.

« *Une étrange histoire de mine hantée a rempli de frayeur les mineurs du pays de Liège. Une nuit, vers une heure du matin, un houilleur du nom de Henri Nicolas était occupé avec un de ses compagnons, à décharger des pièces de bois, dans une partie de la mine d'Abhooz*[54]*. Tout à coup ils aperçurent à quelques pas devant eux une forme blanche d'environ 1 m 20 de haut.*

Henri Nicolas éleva sa lampe pour mieux la considérer, mais les lampes s'éteignirent ! Les deux mineurs prirent la fuite. La nuit suivante, Henri Nicolas redescendit à la mine au même endroit avec un autre compagnon de travail. Vers une heure du matin, la dame blanche lui apparut une deuxième fois et les lampes s'éteignirent.

54. Mine située en Belgique près de la ville de Liège.

Pris de stupeur, les deux ouvriers se firent remonter et exigèrent leurs livrets, refusant de travailler plus longtemps dans une mine hantée. On a cherché vainement jusqu'ici l'explication de ce phénomène qui a été observé par trois houilleurs[55]. »

LES DAMES BLANCHES SONT PARTOUT

Aujourd'hui, rien qu'en France, on compte des dizaines de lieux, de sites ou de châteaux qui font référence à la présence d'une dame blanche. On pourrait consacrer un ouvrage entier à tous les lieux qui mentionnent une légende concernant la dame blanche.

À titre personnel, j'ai pu me rendre dans quelques-uns de ces endroits sans jamais avoir eu l'occasion de voir le moindre spectre. Cependant, les propriétaires ou des témoins sur place m'ont bien confirmé qu'ils avaient pu apercevoir, une ou plusieurs fois dans leur vie, la fameuse dame blanche. Ce fut le cas au château de Puymartin en Dordogne mais aussi au château de Jaulny en Lorraine, à l'abbaye de Mortemer en Normandie, au château Trécesson en Bretagne ou encore au château de Hohenbourg dans le nord de l'Alsace.

Le point commun entre tous ces lieux, c'est que la dame en question est toujours associée à un personnage historique ayant vécu sur place à une époque reculée. Les propriétaires leur donnent d'ailleurs souvent un prénom et quelques fois un nom.

55. Journal *Le Petit écho de l'inconnu*, 1er mars 1907, p.93.

La Dame Blanche d'Avenel

Source : musée Carnavalet, Paris

Sur la route

Il reste encore une catégorie de dames blanches qui est souvent évoquée dans la littérature récente et que l'on qualifie souvent d'« auto-stoppeuses ».

La plupart des ouvrages mentionnant ces histoires extraordinaires font souvent état de faits qui tiennent beaucoup d'une légende urbaine très répandue depuis la démocratisation de l'automobile.

Le scénario est d'ailleurs toujours le même. À la nuit tombée, alors qu'ils circulent en voiture sur une route isolée à la campagne, les témoins aperçoivent une femme habillée de blanc. Celle-ci se tient généralement sur le bord de la route et leur fait signe, soit de ralentir, soit de la prendre en stop. Une fois à l'intérieur du véhicule, cette dernière ne dit pas un mot et finit par s'évaporer à la stupeur générale des témoins.

La célèbre dame de Palavas

L'une des plus célèbres affaires de ce type s'était déroulée au printemps 1981 sur la commune de Palavas-les-Flots, dans l'Hérault. Elle fut, à l'époque, reprise par les journaux de tout le pays.

L'histoire débute le mercredi 20 mai 1981, au petit matin. Quatre jeunes gens avaient repris la route, après une longue nuit festive à Palavas-les-Flots. Au bout de quelques minutes, ils aperçurent sur le bord de la route une auto-stoppeuse à l'allure étrange. La femme semblait âgée d'une cinquantaine d'années et était vêtue d'un imperméable et d'un foulard blancs. Elle s'installa à l'arrière de la voiture, sans dire un seul mot… Une attitude qui surprit évidemment les occupants du véhicule… Après avoir parcouru quelques kilomètres, la voiture arriva au niveau d'un lieu-dit connu sous le nom de « pont vert ». Soudainement, la femme, pourtant muette jusque-là, se mit à hurler : *« Attention au virage ! »*. Le conducteur, surpris, freina brusquement, mais ne s'arrêta pas pour autant. À l'arrière, c'est la stupeur qui régnait. En effet, la mystérieuse femme venait de se « volatiliser » sans qu'aucune porte ou fenêtre du véhicule n'ait été ouverte.

Bien entendu, à la lecture de cette histoire, c'est un sentiment de suspicion qui l'emporte très vite… Cependant – et c'est ce qui fait tout l'intérêt de cette affaire – il faut savoir que les 4 jeunes furent si troublés par l'événement, qu'ils décidèrent tous ensemble de se rendre dans un commissariat de Montpellier pour y relater les faits extraordinaires dont ils avaient été témoins. Les policiers affirmeront plus tard à des journalistes que les jeunes gens avaient l'air véritablement choqués et semblaient tout à fait sincères lors de leur déposition.

Psychose collective ? Blague d'étudiants ? Ou vision réelle d'une dame blanche ? Nul ne semble avoir la réponse, mais ce qui est certain, c'est que cette affaire entretient encore aujourd'hui le mystère qui entoure les fameuses dames blanches.

Qu'est-ce que le « déjà-vu » ?

Avez-vous déjà ressenti cette étrange sensation de vivre un moment dont vous êtes convaincu de l'avoir déjà vécu ? Des instants très particuliers, où vous êtes persuadé de revivre une scène qui a déjà existé… Cette impression s'appelle le « déjà-vu ». Une sensation troublante qui remet en cause notre perception du temps… Les partisans du spiritisme y ont longtemps vu une preuve de la réincarnation ou de la réalité des rêves prémonitoires.

On ne sait pas tout

Depuis longtemps les scientifiques se sont intéressés à la sensation de « déjà-vu » sans pouvoir réellement l'expliquer. Il faudra attendre l'arrivée de nouveaux outils d'exploration du cerveau pour que s'esquisse un début d'explication. À l'université de Lorraine, le professeur Louis Maillard – avec qui j'avais pu m'entretenir sur ce sujet en 2017 – étudie le phénomène depuis une quinzaine d'années. D'après lui, la sensation de « déjà-vu » se définit comme un état mental inapproprié. C'est une illusion de la mémoire qui fait que l'on va percevoir une situation nouvelle comme une situation qui a déjà été vécue.

En France, plus de 60 % de la population aurait déjà connu cette étrange impression de déjà-vu. Dans la plupart des cas, cette sensation est ressentie lorsque la personne se trouve dans un état de stress ou de fatigue intense.

Il est intéressant également de noter que le phénomène est très fréquent avant l'âge de 25 ans alors qu'on ne le retrouve quasiment jamais chez les individus de plus de 50 ans.

Un « bug » de notre cerveau ?

Même si toute la lumière n'a pas encore été faite, l'une des théories les plus avancées indiquerait que notre cerveau pourrait, dans certaines conditions, enregistrer instantanément un moment présent dans la case « souvenirs ». Quelques millisecondes plus tard, notre conscience aurait alors l'impression que ce même moment fait déjà partie du passé... Une sorte de bug qui a d'ailleurs été localisé précisément dans notre cerveau grâce notamment aux explorations encéphalographiques qui sont réalisées chez des personnes épileptiques.

L'INCROYABLE SENSATION DU « JAMAIS-VU »

À l'occasion de leurs recherches, les scientifiques ont également pu étudier un phénomène très proche de celui du « déjà-vu » et pourtant beaucoup moins connu du grand public : la sensation du « jamais-vu ».

Imaginez : Vous arrivez sur votre lieu de travail, un lieu que vous fréquentez depuis une dizaine d'années et que vous connaissez par cœur. Soudain, vous observez l'endroit et vos collègues avec une impression étrange… La sensation profonde que vous ne connaissez pas ce lieu, ni d'ailleurs les personnes présentes sur place. Vous seriez capable de jurer que vous n'êtes jamais venu ici et que ces gens qui vous observent vous sont totalement inconnus.

Cette impression du « jamais-vu », tout comme la sensation du « déjà-vu », ne dure que quelques secondes, mais elle est suffisamment perturbante pour que les personnes ayant vécu ce phénomène aient eu l'impression de rentrer dans la 4ᵉ dimension… On peut aisément les comprendre.

Qu'est-ce qu'une précognition ?

La précognition est une perception extrasensorielle qui permettrait d'avoir accès à des connaissances anticipées. Cela concerne des événements qui n'ont pas encore eu lieu et qui ne pourraient pas être prédits par une analyse rationnelle ou une déduction logique.

La précognition est donc une sorte de don qui permettrait – à soi-même ou à une personne tierce – de percevoir des scènes précises d'un futur plus ou moins proche. Ceci permettrait, par exemple, d'éviter des accidents, des catastrophes, voire des meurtres comme cela a été scénarisé dans le film *Minority Report* en 2002.

Aurait-il pu y échapper ?

En 1932, le Dr Charles Richet avait abordé ce thème dans un livre : *L'avenir et la prémonition*. Il citait d'ailleurs plusieurs cas de précognitions et notamment celle faite à Maurice Berteaux dans les années 1880. Un homme lui annonça qu'il serait un jour à la tête de l'armée et qu'il serait tué par un « char volant ».

Maurice Berteaux fut nommé à plusieurs reprises ministre des Armées au début du xxe siècle. Il aimait d'ailleurs raconter cette anecdote surprenante à ses amis. Le 21 mai 1911, le ministre fut invité à assister à une course d'avions sur le terrain d'Issy-les-Moulineaux. Malgré les suppliques de sa femme et de sa sœur, qui connaissaient l'étrange prédiction, Maurice Berteaux décida quand même de s'y rendre. Il mourut sur place, percuté, avec d'autres personnalités, par un avion qui tentait un atterrissage d'urgence.

Le concept de précognition est aujourd'hui souvent apparenté à des prémonitions ou à des prédictions. Si l'on retrouve fréquemment l'utilisation de ce mot dans la littérature fantastique et dans la science-fiction, il n'est, de nos jours, quasiment plus utilisé dans le langage courant.

Cartes postales de l'accident d'avion de mai 1911

Source : BNF

Qu'est-ce qu'un djinn ?

Le djinn est, dans la tradition arabo-musulmane, un être de feu (sans fumée), souvent invisible aux yeux des vivants et généralement malfaisant. Il est aujourd'hui souvent associé à l'image des démons, des mauvais génies ou encore des fantômes.

Une description impossible

Il apparaît très difficile de donner une description précise d'un djinn. En effet, d'après la tradition, le djinn est capable de prendre toutes sortes de formes matérielles ou immatérielles. On peut donc trouver « l'esprit » d'un djinn dans un arbre, un serpent, un chat ou une lampe à huile (comme on peut le retrouver dans le conte traditionnel *Aladin ou la Lampe merveilleuse*).

Un démon envahissant

Le djinn aurait aussi la capacité de prendre possession d'un corps humain.

Il existe d'ailleurs quelques sourates[56] dites « protectrices » dans le Coran qui prémuniraient les fidèles contre « le mal créé par Dieu[57]. »

Le livre saint de l'islam mentionne à de nombreuses reprises les djinns et en fait une courte description dans certaines sourates : « *Ils ont des cœurs avec lesquels ils ne comprennent rien ; ils ont des yeux avec lesquels ils ne voient pas, ils ont des oreilles avec lesquelles ils n'entendent pas*[58]. »

Toujours d'après les textes coraniques, les djinns auraient été présents sur Terre bien avant l'arrivée des êtres humains. Contrairement aux fantômes dans la culture occidentale, on ne rencontre que très rarement les djinns dans des lieux d'habitation – comme les maisons ou les châteaux – mais plutôt dans la nature : près des étangs, des lacs, dans les forêts ou le désert.

Notons enfin que la croyance aux djinns n'est pas l'apanage de l'islam. Les peuples de l'Antiquité, perses ou babyloniens, croyaient à ces puissances surnaturelles.

56. Coran, sourate 113 al-Falaq et sourate 114 al-Nâs.
57. D'après les textes coraniques, Dieu aurait créé les djinns avant les hommes..
58. Coran, S. LV, 56.

Qu'est-ce que la TCI ?

TCI est l'acronyme de Transcommunication Instrumentale souvent associé à un autre acronyme : PVE qui signifie Phénomènes de voix électroniques.

Ce vocabulaire est souvent utilisé par les défenseurs des théories spirites convaincus qu'il est possible de communiquer avec les « esprits » des défunts.

La TCI utilise des outils technologiques comme des magnétophones à bande magnétiques, des enregistreurs numériques, des téléviseurs et depuis quelques années, des téléphones portables et des appareils spécifiquement conçus pour ce type de communication : Ghost Box, Spirit Voice, etc.

Petite histoire de la TCI

Si l'on sait que dès les années 1910, Thomas Edison travaillait à la mise au point d'une « machine » pour parler avec les morts, les véritables origines de la transcommunication instrumentale remontent à la fin des années 1950 avec les travaux d'un cinéaste suédois : Friedrich Jürgenson.

Au printemps 1959, alors qu'il écoutait un enregistrement de chants d'oiseaux qu'il venait de réaliser dans la campagne, il crut percevoir le son d'une voix féminine. Certain qu'il n'y avait aucune femme présente à ses côtés durant les prises de sons, Jürgenson se demanda si son appareil aurait pu capter quelques signaux radiophoniques. Or, après plusieurs essais, il finit par admettre que la faible voix présente sur ses enregistrements ne pouvait être le fait d'un problème technique. Imaginant qu'il aurait pu capter la « voix d'un défunt », le Suédois renouvela l'expérience des centaines de fois tout en mettant en place – au fil du temps – une forme de protocole. Friedrich Jürgenson « capta » ainsi des dizaines d'autres voix et dévoilera au grand public ses incroyables expériences dans un livre publié en 1964[59] : *Les Voix de l'espace*.

Magnéto Serge !

Cet ouvrage, au succès planétaire, servira bientôt de référence à un grand nombre de personnes convaincues qu'il est possible de communiquer avec l'au-delà à l'aide d'un simple magnétophone muni d'un micro. De nouvelles expériences seront menées partout dans le monde notamment aux États-Unis avec Hanna Buschbeck, en Suisse avec le père Léo Schmid et en France avec Monique Simonet ou le père François Brune.

59. Rösterna Från Rymden , *Les Voix de l'espace*, publié par Saxon & Lindström Förlag à Stockholm en 1964.

Magnétophone à cassette de 1974

Des voix « impénétrables »

La très grande majorité des voix enregistrées sont difficilement audibles et souvent sujettes à interprétation. La plupart du temps, les phrases sont très courtes ou se résument à un mot ou un prénom : « Je vous aime », « Je vais bien », « Françoise », etc.

Des explications diverses

Du coté « paranormaliste », les voix enregistrées lors de ces nombreuses expériences de TCI ou PVE restent inexplicables et proviendraient des esprits des défunts.

Les adeptes du spiritisme en veulent pour preuve le fait que certaines des voix répondent directement aux questions que les vivants leur posent. Ils affirment également que certaines réponses données ne pouvaient être connues par les participants aux expériences. Enfin, il existe des analyses objectives de fichiers sonores réalisées par des professionnels du son. Le résultat laisserait penser que les voix enregistrées ne seraient pas d'origine humaine.

Cependant, on trouve d'autres théories « paranormales » pour expliquer ce phénomène : pour certains, les voix enregistrées proviendraient d'une autre dimension. Pour d'autres, ces sons mystérieux seraient le fruit de notre propre esprit, capable « d'imprimer » dans certaines circonstances des bandes magnétiques ou de perturber un enregistreur numérique.

Les sceptiques

Du coté des rationalistes, d'autres types d'explications ont été avancés : ces phénomènes de TCI ou de PVE seraient dus à l'utilisation de bandes magnétiques mal effacées et réutilisées pour des expériences. Ces bandes garderaient donc de faibles traces d'enregistrements antérieurs.

Il se pourrait aussi que des ondes radiophoniques aient pu être captées, notamment par des appareils d'enregistrement audio de mauvaise qualité. Enfin, il est possible que dans certains cas, nous soyons face à ce que l'on appelle un effet de paréidolie auditive, une sorte d'illusion sonore. Notre cerveau tenterait, dans certains cas, de trouver un sens aux « voix » entendues. Reste également à évoquer des cas de supercheries et de trucages qui furent prouvés aisément par des professionnels du son.

À ce jour, les expériences de TCI se poursuivent partout dans le monde. Elles sont en général réalisées par des particuliers à leur domicile, mais aussi par des équipes de « chasseurs de fantômes » dans des lieux considérés par ces derniers comme « hantés ».

Qui sont les « entendeurs de voix » ?

Quand on évoque le fait « d'entendre des voix », on pense immédiatement à Jeanne d'Arc. Pourtant, peu d'entre nous savent que l'on compte des centaines de milliers de personnes à travers le monde qui entendent des voix au quotidien. Parmi elles, quelques personnalités comme Andy Warhol, Amélie Nothomb ou Zinedine Zidane. Loin d'être des illuminés ou des schizophrènes, ces hommes et femmes doivent vivre au quotidien avec ces phénomènes que la science ne parvient pas encore à expliquer totalement.

Des millions dans le monde

En France, On estime la proportion d'entendeurs de voix au sein de la population générale entre 8 et 14 %[60].

Ce sont donc des dizaines de milliers de personnes, hommes et femmes, issus de toutes les tranches d'âge et de toutes les

60. Source : Réseau français sur l'entente de voix. 2018.

catégories sociales, qui entendraient régulièrement ou en permanence des voix « fantômes ». Des voix qu'ils sont donc les seuls à percevoir et qui se font entendre à tous moments du jour ou de la nuit... Ce qui crée bien entendu une gêne importante au quotidien. De plus, ces voix se montrent souvent menaçantes, humiliantes et plus rarement réconfortantes et aidantes.

Des témoignages glaçants...

Les personnes touchées par ces phénomènes ne parlent que très rarement publiquement de ce qu'elles vivent au quotidien. Lors d'un reportage que j'avais consacré à ce sujet pour France 2, j'avais pu m'entretenir avec quelques « entendeurs de voix ». Les témoignages que j'avais alors recueillis m'avaient littéralement et sans mauvais jeu de mot « laissé sans voix ». Je vous en rapporte ici quelques extraits :

« *Au début, on se dit, mais je suis dingue ! Je ne suis pas comme les autres.... C'est très difficile de dire aux autres qu'on entend des voix. C'est une expérience intime mais on a toujours peur du jugement de l'autre.* »

Christine B. de Lunéville (54)

« *Moi je me concentre à ne pas les entendre... J'essaye souvent de les ignorer. C'est très difficile de vivre avec des voix qui sont présentes en permanence dans sa tête... [...] Pour ma part, les voix sont agressives. C'est souvent une voix féminine, mais quelquefois, ça peut aussi être une voix d'homme, assez puissante avec un langage grossier... Généralement ce sont des reproches ou des insultes à mon* égard *mais aussi des autres :*

– T'es nul ! T'es moche !

– Mais tu ne peux pas te dépêcher un peu ?

– Dis-lui que c'est une connasse !

– Tu devrais le frapper ! Frappe-le cet abruti, tu vois pas qu'il se fout de toi ! »

Jonathan L – Epinal (88)

« *C'est un peu surnaturel... On a l'impression que l'on est anormale.* »

Elise T. – Dombasles (54)

DES SCHIZOPHRÈNES ?

Alors s'agirait-il d'un phénomène lié à une maladie mentale, un désordre psychologique ou à de simples hallucinations ? Durant plusieurs décennies, il fut admis par la communauté médicale que ces « illusions auditives » étaient liées à une forme de schizophrénie. Cependant, aujourd'hui, pour une grande majorité de psychiatres, les « entendeurs de voix » ne peuvent plus être considérés comme des malades mentaux.

Pour la science, les voix semblent réelles

Récemment, des recherches ont été menées sur des sujets atteints par cet étrange syndrome, en s'appuyant notamment sur les techniques de l'imagerie médicale. À la surprise des professionnels de santé, il fut mis en évidence que les zones du cerveau stimulées par les voix « fantômes » sont exactement les mêmes que lorsque l'on entend réellement un son venu de l'extérieur. Un phénomène qui reste aujourd'hui difficilement explicable par la science.

Faute d'explications ou de traitements, la plupart des « entendeurs de voix » cherchent aujourd'hui des réponses en se réunissant et en partageant leurs expériences au sein d'associations comme REV[61], le réseau français sur l'entente de voix, qui dispose de nombreuses antennes à travers tout le pays.

61. Réseau français sur l'Entente de Voix : http://revfrance.org.

Pourquoi certains corps restent-ils miraculeusement intacts ?

Les cimetières regorgent d'histoires extraordinaires… On y évoque notamment la découverte de corps depuis longtemps ensevelis qui seraient restés totalement intacts, parfaitement conservés, échappant mystérieusement aux lois naturelles de la décomposition. Loin d'être une légende urbaine, le « miracle » des corps imputrescibles est une réalité.

Des cas concrets

Le personnel des pompes funèbres, les marbriers et les fossoyeurs ont de tous temps pu constater que certains corps restaient étrangement inchangés.

En enquêtant sur des cas précis, il y a quelques années, j'avais pu faire la rencontre de Guillaume Bailly, un professionnel des pompes funèbres. Ce dernier m'avait confirmé, lors d'une interview, la réalité de ce phénomène étonnant mais peu fréquent.

« *C'est extrêmement rare de retrouver des corps intacts. Ça représente 1 cas sur 3 000 environ. Mais sur le nombre d'exhumations, on rencontre tous ça au moins une fois dans notre carrière.* »

Guillaume Bailly m'avait raconté l'une de ses expériences les plus marquantes face ces morts à l'apparence intacte. Des visions qui restent aujourd'hui encore gravées dans sa mémoire.

« *Quand vous exhumez une personne qui a été inhumée avant la Seconde Guerre mondiale et que vous la voyez dans son cercueil intacte avec les vêtements qu'elle portait le jour de ses obsèques, parfaitement conservés, vous avez l'impression qui il y a comme un pont temporel... C'est comme un voyage dans le temps. C'est déconcertant !* »

Plusieurs facteurs en cause

On trouve des explications tout à fait rationnelles pour expliquer ce phénomène. Il existe en effet des corps ayant bénéficié de soins de conservation avant leur mise en terre. La nature même du sol jouerait également un rôle important dans le processus de conservation des corps. Isolé des bactéries et des insectes, dans un environnement humide particulier, certains corps échapperaient provisoirement à la décomposition.

Visage de sainte Madeleine-Sophie Barat

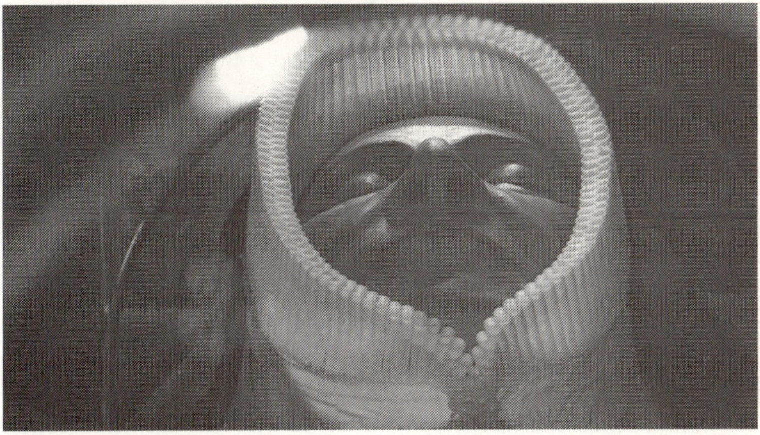

Châsse de sainte Louise de Marillac

© David Galley

Des reliques en chair et en cire

Si le terrain ou des traitements particuliers peuvent expliquer l'imputrescibilité de certains corps, le mystère reste entier en ce qui concerne les dépouilles de certains mystiques. En effet, en Europe, on peut visiter des édifices religieux qui conservent et exposent les corps plus ou moins intacts d'hommes et de femmes considérés comme saints.

C'est le cas notamment à Paris en l'église Saint-François-Xavier. On peut y voir le corps de Madeleine-Sophie Barat, une religieuse française décédée en 1865.

Ce qui surprend lorsqu'on observe les parties visibles du corps de la sainte, c'est l'aspect « cireux » de la peau. Comme si l'on se trouvait devant une reconstitution sortie tout droit du musée Grévin. S'il est évident que quelques couches de cire furent appliquées au fil des années sur les parties visibles du corps de la sainte (les mains et le visage), j'ai pu obtenir la confirmation, auprès de Mgr Patrick Chauvet, que le reste du corps n'avait bénéficié d'aucun traitement et restait pourtant inexplicablement intact.

On relèvera tout de même qu'il existe un bon nombre de corps de religieux ou religieuses exposés dans les églises, les basiliques ou les cathédrales, qui ne sont que de simples statues de cire, parfois présentées comme des corps miraculeusement conservés.

Sans cercueil

Aujourd'hui, plus d'une centaine de cas de corps imputrescibles sont reconnus dans le monde par l'Église romaine. Notons au passage que dans la culture musulmane ou juive, il est rarement fait mention de la découverte de corps intacts. Ceci pouvant s'expliquer par des inhumations traditionnellement sans cercueil. Le corps est simplement enveloppé dans un linceul ou un drap et mis en terre.

Si, comme on l'a vu, on peut admettre que quelques rares cas – concernant notamment des mystiques – ne trouvent à ce jour aucune explication rationnelle, dans la plupart des autres cas, la nature ou le génie des embaumeurs semblent bien être à l'œuvre.

Qui était le comte de Saint-Germain ?

Le comte de Saint-Germain est un personnage énigmatique et pourtant bien réel qui est apparu sur la scène publique à partir de l'année 1743. Cet homme, semblant venir de nulle part, allait fasciner les plus grands personnages de son temps. Et on peut aisément comprendre pourquoi.

L'immortel

On le disait en effet richissime, alchimiste, guérisseur et surtout immortel. Il se racontait dans toutes les cours d'Europe que le comte de Saint-Germain avait connu dans les siècles passés, les plus grands de ce monde et que son apparence physique restait inchangée…

À Versailles, Louis XV et une large partie de la noblesse étaient subjugués par les récits historiques de Saint-Germain. Ce dernier évoquera, entre autres, les banquets organisés à la cour de François Ier, la façon dont la culture française était véhiculée à cette époque avec des détails extrêmement précis. Il parlera de personnages célèbres comme Marguerite de Valois ou la reine Margot avec une foule de détails. À tel point que l'audience avait la profonde conviction que le comte de Saint-Germain avait véritablement connu ces personnages.

En 1759, le baron de Gleichen rencontrait pour la première fois le comte de Saint-Germain à Versailles. Il écrira plus tard dans ses mémoires :

« *Jamais homme de sa sorte n'a eu ce talent d'exciter la curiosité et de manier la crédulité de ceux qui l'écoutaient. Il savait doser le merveilleux de ses récits, suivant la réceptibilité de son auditeur. Quand il racontait à une belle un fait du temps de Charles Quint, il lui confiait tout crûment qu'il y avait assisté, et quand il parlait à quelqu'un de moins crédule, il se contentait de peindre les petites circonstances, les mines et les gestes des interlocuteurs, jusqu'à la chambre et la place qu'ils occupaient, avec un détail et une vivacité qui faisaient l'impression d'entendre un homme qui y avait réellement été présent. Quelquefois, en rendant un discours de François 1er ou d'Henri VIII, il contrefaisait la distraction en disant : "Le roi se tourna vers moi"… il avalait promptement le moi et continuait avec la précipitation d'un homme qui s'est oublié […].* »

Mais où le Comte avait-il pu obtenir des informations aussi précises ?

Saint-Germain était-il vraiment immortel, comme le pensait sincèrement une partie de l'aristocratie de l'époque ?

Portrait du comte de Saint-Germain

Source : BNF

Un homme pas si ordinaire

Ce qui est certain, c'est que le mystérieux comte a bien expliqué à certains de ses contemporains que ses connaissances lui provenaient tout simplement de ses lectures et qu'il possédait une excellente mémoire.

Extrêmement cultivé, possédant une mémoire hors du commun, le comte de Saint-Germain était aussi réputé pour ses talents de musicien, de compositeur, de guérisseur et de chimiste capable d'agir mystérieusement sur les métaux, les végétaux et les minéraux…

Saint-Germain l'alchimiste ?

Un jour, le roi Louis XV présenta au comte de Saint-Germain un magnifique diamant. Une pierre splendide, mais sur laquelle on pouvait malheureusement voir une énorme tache sombre. Le roi la confia au comte et ce dernier revint plusieurs semaines après avec dans ses bagages le fameux diamant. Inutile de préciser que la pierre en question avait été auparavant mesurée, pesée et parfaitement décrite par un joaillier du roi avant d'être confiée au comte de Saint-Germain. Le diamant fut donc remis à Louis XV, qui constata que la tache avait disparu et que la pierre était bien celle qu'il avait laissée à Saint-Germain quelques semaines auparavant.

Manuscrit triangulaire codé attribué au comte de Saint-Germain

Source : Digital Public Library of America (DPLA)

Un membre de sociétés secrètes ?

La majorité des historiens affirment aujourd'hui que Saint-Germain faisait partie de sociétés discrètes comme la franc-maçonnerie ou la Rose-Croix. Il est aussi avéré que le comte fut l'auteur d'un manuscrit très étrange, d'un format triangulaire et entièrement codé. D'après certaines transcriptions, il pourrait s'agir de textes concernant des trésors sous-marins à découvrir, mais aussi des mines d'or et de diamants. La dernière page de ce mystérieux ouvrage ferait mention de techniques pour, non pas devenir immortel, mais avoir « une longue vie ».

Il ne doit en rester qu'un

Tous ces faits historiques ont bien sûr nourri la légende de Saint-Germain. L'homme mourra à l'âge de 93 ans, dans la ville d'Eckernförde en Allemagne. Le registre de l'église Saint-Nicolas indique la mort du « *comte de Saint-Germain et Weldona* », nom sous lequel il se faisait appeler, en date du 27 février 1784. Son corps aurait été placé sous la chaire de l'église de la cité allemande.

Aucun testament ne fut jamais retrouvé et l'homme continua de susciter la fascination durant des siècles. Napoléon III en personne s'intéressa de très près à l'histoire de Saint-Germain. Il créera d'ailleurs une commission chargée d'enquêter sur le comte afin de retrouver dans les archives de l'Empire, tous les documents liés à son existence. Malheureusement cette précieuse mine d'informations fut détruite à jamais par un incendie en 1871.

Alors, Saint-Germain était-il vraiment un homme extraordinaire ? La seule chose dont on peut être certain aujourd'hui, c'est que le comte de Saint-Germain fut indéniablement un personnage hors du commun qui inspira, durant les siècles suivants, bien des auteurs et quelques personnages en mal de notoriété.

Quel matériel utilisent les « chasseurs de fantômes » ?

L'idée de prouver l'existence des fantômes et autres spectres est, comme nous l'avons déjà vu, loin d'être nouvelle. Au fil des années et des avancées technologiques, l'humanité a pu disposer de nouveaux outils lui permettant d'avancer dans cette quête avec une approche plutôt scientifique.

Depuis la fin des années 1990, des groupes de passionnés – des chasseurs de fantômes – se réunissent régulièrement pour investir des lieux abandonnés, des châteaux ou des maisons considérés comme « hantés ». Sur les plateformes de diffusion comme YouTube, certains se sont spécialisés dans cette quête comme Gussdx ou RIP en France, Laxton en Suède ou Omar Gosh aux États-Unis.

L'ambition du « chasseur de fantôme », c'est d'abord de capturer une image, un son, une fluctuation rapide de la température ou des perturbations électromagnétiques. L'objectif étant donc de prouver au plus grand nombre que dans certains lieux se produisent bien des phénomènes paranormaux.

L'équipement de ces enquêteurs de terrain est principalement technologique, même si certains groupes utilisent régulièrement des Ouijas en bois, des pendules, des cartes ou organisent des séances de spiritisme.

Sans juger de l'utilité de ces chasses aux fantômes, je vous propose un inventaire complet des « armes » indispensables pour un chasseur de fantôme en 2021.

1) Un ou plusieurs appareils photos numériques. Généralement ils sont utilisés avec un flash et ils permettent de « capturer » des orbes[62], des spectres, des silhouettes ou des reflets étranges…

2) Des caméras dotées de capteurs infrarouges. Ces caméras permettent une vision nocturne. Elles sont idéales pour filmer ce que l'œil humain ne peut percevoir. Autre avantage notoire, elles créent à l'image un univers très anxiogène.

3) Un thermomètre, ou plutôt un détecteur de fuites thermiques. Très utile pour détecter des écarts de températures soudains et inexplicables dans une pièce.

62. Voir chapitre *Qu'est-ce qu'un orbe ?*

Un thérémine

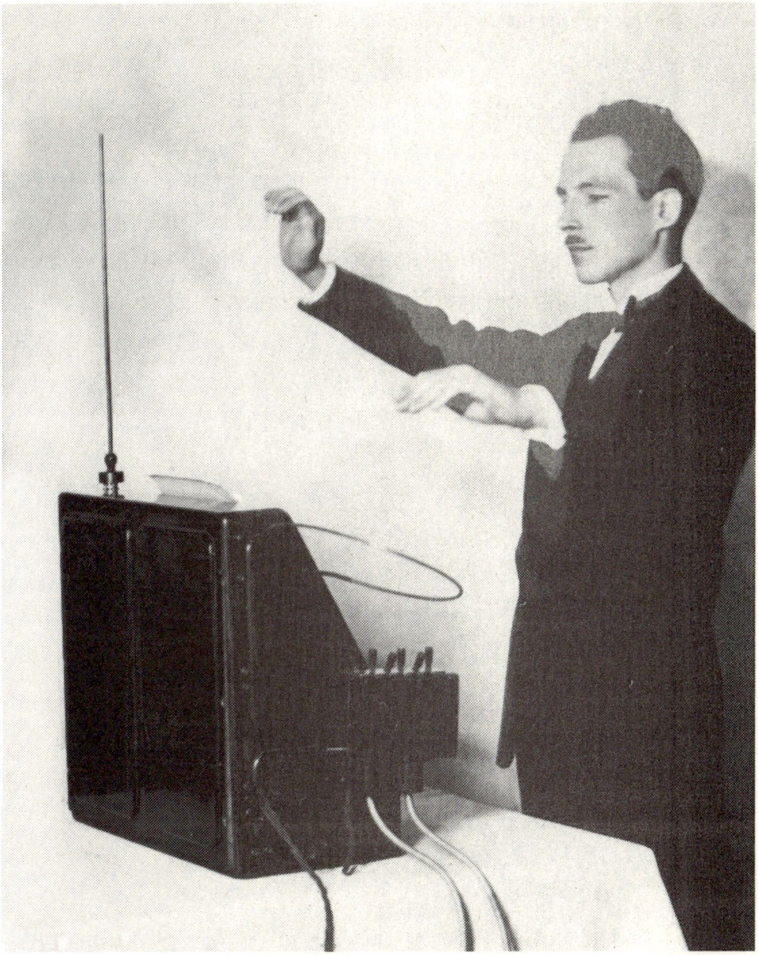

Source : Bibliothèque de Genève

4) Un enregistreur de sons, numérique ou à bande magnétique. Indispensable pour enregistrer des PVE (Phénomènes de voix électroniques). Les enregistrements audio nécessitent également un ordinateur portable pour une analyse poussée des données récoltées.

5) Un K2. Le K2 est un petit détecteur de champ électromagnétique qui, à l'origine, était utilisé par les électriciens pour localiser des câbles électriques dans les murs ou le sol. Les chasseurs de fantômes partent du principe qu'une entité dégage une certaine énergie lorsqu'elle apparaît ou qu'elle se déplace. D'après eux, il serait donc utile de pouvoir la détecter avec l'aide du K2.

6) Une Ghost Box. Contrairement à tous les « outils » précités, la Ghost Box est un matériel spécifiquement développé pour les chasseurs de fantômes. Cet outil est utilisé pour la TCI (Transcommunication instrumentale)[63]. En fait, son principe est assez simple. On pourrait la comparer à une radio FM-AM qui balaye constamment les fréquences afin de capter un éventuel message de l'au-delà. La plupart du temps, les voix entendues ne sont que des bribes de programmes radio diffusés par des personnes bien vivantes.

7) Un Spirit POD. Cet étrange engin est en fait directement inspiré d'un des plus anciens instruments de

63. Voir chapitre *Qu'est-ce que la TCI* ?

musique électronique : Le thérémine, inventé au tout début des années 1920. Sa fonction initiale a été détournée pour en faire un appareil capable de générer un champ électromagnétique autour d'une antenne imposante. Le principe étant que si la moindre perturbation apparaît dans ce champ électromagnétique, le Spirit POD se met à clignoter et à émettre un son strident, prouvant, pour les chasseurs de fantômes, la possibilité d'une présence « invisible ».

8) Un Spirit Vibes[64]. Cet appareil est une sorte de « géophone ». Il a pour mission de détecter la moindre vibration au sol ou dans les murs. Un pas sur un vieux plancher au 3e étage et l'alarme se déclenche. Très utile pour piéger un fantôme.

Il existe bien d'autres « outils » permettant d'aider les chasseurs de fantômes dans leurs quêtes : Caméras thermiques, détecteurs de mouvements, laser trio, détecteurs de métaux, Spirit Voice, Kinect, etc.

Voici donc la liste – presque complète – du matériel indispensable pour chasser les fantômes.

Désormais, c'est à vous de jouer !

64. Appareil développé par la marque française Spirit Shop.

Possédons-nous un 6e sens ?

Qui n'a jamais eu envie d'écouter son intuition, de faire confiance à son 6e sens ? Un conseil, une idée venue de nulle part et qui nous permet d'éviter bien des ennuis... Ce 6e sens, beaucoup d'entre nous l'utilisons presque quotidiennement, sans le savoir.

Tous concernés !

Nous avons tous fait cette expérience : on sort de chez soi et on réalise qu'on a oublié de prendre un courrier à poster, de fermer une fenêtre ou de donner à manger au chat. Ce type d'information surgit en nous brusquement et semble provenir de nulle part.

J'ai pu m'entretenir avec le journaliste Jocelin Morrison qui a consacré plusieurs années de travail à l'étude de ces phénomènes d'intuition et de 6e sens[65]. Il a pu, au cours de ses enquêtes, recueillir des centaines de témoignages, qui pour beaucoup, semblent relever de l'irrationnel.

---

65. Jocelin Morisson, *Intuition et 6e* sens. *Une enquête aux frontières de la psychologie*, Éditions de la Martinière, 2013.

« J'ai pu recueillir le témoignage d'une jeune maman qui s'est réveillée en pleine nuit et qui a soudain eu l'intuition qu'elle devait écarter le lit de son bébé de la fenêtre. Elle ne sait pas pourquoi. Elle m'a confié avoir répondu à une sorte d'impulsion, une voix intérieure. Cette maman a donc écarté le berceau de la fenêtre, quelques secondes seulement avant que le coffrage du rideau et de la tringle ne s'effondre à l'endroit précis où se trouvait son bébé. »

Une alerte de notre cerveau ?

Comment comprendre ce genre d'intuition ? Pour la science, il pourrait s'agir d'un travail de notre cerveau, capable de capter et d'enregistrer des informations subtiles, des images ou des sons, qui, une fois analysés, pourraient déclencher des sortes d'alertes... Dans le cas de la maman et de son bébé, on pourrait très bien imaginer que la structure du coffrage était fragilisée et qu'elle émettait des bruits subtils, captés dans son sommeil par la jeune mère.

Ce type d'explication pourrait fonctionner dans cette situation précise. Cependant, il existe d'autres témoignages qui semblent plus difficiles à éclaircir d'un point de vue rationnel.

Prenons par exemple le cas de cette femme qui était tranquillement installée sur son canapé un après-midi de mai 2017. Soudainement, elle a ressenti, à une heure précise, l'accident de voiture que venait d'avoir son fils à plus de 600 km de là. Difficile dans ce cas d'affirmer que la mère a pu percevoir des informations subtiles, des microsignaux… Et ce cas est très loin d'être unique.

Il faudrait donc, comme l'affirme Jocelin Morrison, envisager d'autre voies pour expliquer ce phénomène.

L'émotion avant l'événement

Certaines expériences scientifiques surprenantes laisseraient penser que nous serions tous capables de recevoir des informations qui paraissent exister « en dehors de notre cerveau »… Mais d'où pourraient provenir ces données, ces messages, ces renseignements qui semblent venir de nulle part ?

Jocelin Morrison avait répondu à cette question lors de notre entretien :

« *La science a pu mettre en évidence que nous sommes capables de recevoir des informations sans support logique, mais elle n'a pas d'explications, elle n'a aucun modèle pour ça. On est simplement dans le constat. Avec des expériences répétées, nous sommes capables de réagir avant qu'une image, par exemple violente, apparaisse à l'écran. Donc c'est impossible à expliquer dans le cadre scientifique actuel.* »

Si la lumière reste loin d'être faite sur le fonctionnement de ce 6e sens, beaucoup ont appris à le maîtriser, à le travailler et restent toujours à l'écoute de ce sens aussi utile que mystérieux…

Qui était le « petit homme rouge des Tuileries » ?

Un petit personnage fantomatique vêtu intégralement de rouge aurait hanté, durant plusieurs siècles, le palais des Tuileries à Paris. Ce petit lutin rouge avait la fâcheuse habitude d'annoncer des événements tragiques à venir aux très hautes personnalités qui vivaient ou qui fréquentaient le lieu. Résultat : tout le monde en avait peur !

Cette histoire remonte aux origines de l'édifice au XVIe siècle. D'après quelques textes, Catherine de Médicis l'aurait très souvent aperçu dans les couloirs du palais. Terrorisée, elle aurait ainsi décidé de fuir ce palais qu'elle avait pourtant fait bâtir.

Le petit fantôme rouge s'est ensuite montré à de très nombreuses reprises : on l'aurait aperçu dans le palais quelques jours avant la mort d'Henri IV. On le mentionne aussi présent devant Louis XIV et jusque dans le lit de Louis XVI, où son apparition aurait fait mourir de peur une sentinelle veillant les restes de Marat.

Napoléon aurait lui aussi eu affaire au petit homme rouge comme on peut le lire dans *Les Anecdotes sur la cour et l'intérieur de la famille de Napoléon Bonaparte*.

Le livre, paru en 1818, rapporte qu'au mois de janvier 1818 le petit homme rouge serait apparu à une sentinelle placée dans l'escalier du palais des Tuileries :

« Le petit homme rouge lui demanda s'il pouvait parler à l'empereur. Le soldat lui ayant répondu que non, le lutin le poussa, et le laissant incapable de se mouvoir, s'élança sur les marches, et personne ne l'arrêtant, arriva au salon de la Paix et demanda à un chambellan s'il pouvait voir l'empereur. M. d'A... répondit que personne ne pouvait entrer sans permission. "Je n'en ai pas", répondit l'esprit ; "mais allez lui dire qu'un homme vêtu de rouge, qu'il a connu en Égypte, désire l'entretenir". Dès que Napoléon l'eut vu, il s'enferma avec lui dans son cabinet ; la conversation fut longue ; on en entendit quelques mots : l'empereur semblait demander quelque faveur qu'on lui refusait. Enfin la porte s'ouvrit, l'homme rouge sortit et passa rapidement dans les corridors et disparut dans le grand escalier, par lequel on ne le vit pas descendre. Cette histoire, vraie ou non, courut tout Paris[66]. »

Ce qui semble en tout cas avéré historiquement, c'est qu'au milieu du XIXe siècle, la légende du petit homme rouge était toujours très vivante. À Paris, l'impératrice Eugénie l'évoquait encore à ses proches. Elle en avait une telle peur, qu'elle défendait à quiconque de le nommer, même par moquerie.

66. *Anecdotes sur la cour et l'intérieur de la famille de Napoléon Bonaparte*, par Defauconpret et Mme Durand, 1818.

Illustration d'un petit homme rouge berçant son fils

Source : BNF

La dernière mention « historique » du petit homme rouge date du 23 mai 1871. Ce jour-là, le palais des Tuileries fut incendié et dans le brasier, nombreux furent les témoins sur place à avoir aperçu la silhouette d'un petit homme rouge en train de quitter les lieux....

Depuis, on n'a plus revu à Paris le petit homme rouge.

Qui était Mademoiselle Lenormand ?

« Je vous écoute comme si vous étiez mademoiselle Lenormand ! ». Cette expression que l'on n'utilise plus de nos jours était pourtant très en vogue au début du XIX*e siècle. Elle fait en effet référence à une cartomancienne célèbre du nom de Marie-Anne Lenormand, plus connue sous le nom de « Mademoiselle Lenormand ».*

Cette dernière, dont la vie mériterait qu'on lui consacre un ouvrage entier, était particulièrement réputée à Paris et dans toute l'Europe pour ces dons de divinations. Les grands de ce monde consultaient régulièrement Mlle Lenormand. Parmi eux, on pourra citer l'impératrice Joséphine de Beauharnais, Marat, Robespierre ou encore le tsar Alexandre.

Aujourd'hui, le nom de Lenormand est encore célèbre dans le monde de la voyance grâce à quelques jeux de cartes illustrées : Le Petit Lenormand et le Grand Lenormand. Avec le Grand Etteilla, ces cartes divinatoires font partie aujourd'hui des plus vendues en France.

Arrestation par les révolutionnaires de Mlle Lenormand

Source : BNF

Qu'est-ce que le manuscrit de Voynich ?

Le manuscrit de Voynich est un livre unique et énigmatique. Un ouvrage composé de 234 pages, daté du xve siècle, d'un auteur inconnu, rédigé dans un langage indéchiffrable et ponctué de dessins étranges de femmes prenant des bains, de cartes astronomiques ou de plantes inconnues sur notre planète…

Un livre codé

Le nom du manuscrit nous vient d'un antiquaire polonais : Wilfrid Voynich, un passionné d'ouvrages anciens qui allait, en 1912 à Rome, faire l'acquisition du fameux livre.

Très vite fasciné par le contenu du manuscrit et conscient que le texte lui était totalement inaccessible, Wilfrid Voynich tentera durant plusieurs années de le décrypter, avec l'aide d'experts, mais sans véritablement obtenir de résultats.

Le livre comptait à l'origine 262 pages, si l'on en croit les folios, dont certains semblent manquer. Les illustrations, tout comme l'écriture, restent à ce jour énigmatiques. Seule une phrase, à la dernière page du livre, semble être compréhensible.

La dernière phrase

Cette phrase mentionne le fait que, quelque part, se trouveraient plusieurs portes permettant d'accéder aux secrets de l'univers.

Pourquoi l'auteur du manuscrit a-t-il sciemment utilisé une écriture codée ? Quels messages se cachent derrière ces dessins qui semblent liés à l'astronomie, la biologie, la médecine ou la botanique avec des plantes étranges qui n'existent apparemment pas dans la nature ?

Serait-il possible que le manuscrit de Voynich soit une sorte de recueil lié à la sorcellerie au xve siècle ?

Cette hypothèse permettrait de comprendre le caractère codé de l'objet. Mais la quasi-totalité des chercheurs réfutent cette théorie. Ce qui les interpelle principalement dans le livre, ce sont des dizaines de représentations de femmes dans des sortes de bains. Une énigme qui pourrait être la clef du mystère…

Aujourd'hui, le manuscrit de Voynich se trouve aux États-Unis, conservé à la bibliothèque Beinecke de l'université Yale. Depuis quelques années, toutes les pages du livre ont

L’une des pages du manuscrit de Voynich représentant une plante inconnue

Source : bibliothèque Beinecke - Université Yale

été digitalisées et sont consultables gratuitement en ligne sur le site de l'université[67].

À vous peut-être de décrypter le plus célèbre livre codé du monde…

67. Yale University Library, Digital Collections, Cipher Manuscript : https://brbl-dl.library.yale.edu/vufind/Record/3519597.

Exotérisme ou ésotérisme ?

L'ésotérisme, c'est la connaissance de disciplines secrètes ou d'un savoir caché qui est enseigné uniquement à des initiés. On est un peu à l'intérieur du cercle. L'exotérisme, c'est un peu l'inverse. On n'est à l'extérieur du cercle. Rien n'est caché, le savoir est public et il est accessible à toutes les personnes sans aucune initiation.

Un livre peut paradoxalement être ésotérique et exotérique. Il peut en effet être lu et compris d'une certaine manière par tout le monde, mais dans le même temps, le livre peut receler des informations, des codes, des mots particuliers que seuls les initiés comprendront. Ce principe est aussi applicable pour des comptines, des chansons, des tableaux ou dans l'architecture.

Les exemples sont nombreux. On pourrait citer le célèbre tableau de Léonard de Vinci, *La Dame à l'hermine*, qui semble n'être que le portrait de Cécilia Gallerani. Mais l'hermine symbolise en réalité un homme : Ludovico Sforza. Ce dernier était l'amant de Cécilia et avait pour surnom secret *L'hermine blanche*.

En restant chez les petits mammifères, on pourrait aussi citer la chanson enfantine *Il court, il court le furet*. En 1720, si les plus jeunes n'y voyaient qu'une douce et naïve comptine, les adultes savaient qu'elle faisait référence au cardinal Dubois, un conseiller à la cour de Louis XIV. L'ecclésiastique avait la réputation d'être un grand coureur de jupons. La chanson utilise la technique de la contrepèterie. Il faut donc entendre « Il fourre, il fourre, le curé »… Je vous laisse « décoder » la suite.

Qu'est-ce que la catoptromancie ?

La catoptromancie était l'un des arts divinatoires les plus populaires durant l'Antiquité et qui a perduré jusqu'à la Renaissance. Il s'agit de l'art de lire l'avenir à travers les formes reflétées dans un miroir, une flaque d'eau, un bouclier en argent, bref sur toutes les surfaces réfléchissantes.

Les personnes utilisant cette technique se plongent généralement dans une sorte d'état hypnotique face au miroir en s'aidant de substances diverses, de rituels ou de périodes de jeûne. Elles ont alors des visions et interprètent ces dernières comme des signes, des avertissements mais aussi des messages adressés par les dieux ou des défunts.

La catoptromancie est encore présente aujourd'hui, à travers des contes comme celui de Blanche-Neige. On se souvient tous de la sorcière utilisant un miroir pour obtenir une réponse à une question qui l'obsédait : « *Miroir, qui est la plus belle ?* ».

Imprimé en France en avril 2021
par Normandie Roto Impression s.a.s.
61250 Lonrai
N° d'impression : 2101662
Dépôt légal : avril 2021
ISBN : 978-2-38015-261-6